目　次

<シリーズ　ベトナムを知る>

ベトナムの女性仏教徒・尼僧：

伝統と現代

上巻

宗教研究センター、
人文社会科学大学（ホーチミン市国家大学）、
ホーチミン市ベトナム仏教会僧事部所属尼僧部
共催
学術大会発表論文より抜粋

伊澤亮介　平野綾香　訳

発行　ビスタ　ピー・エス

はじめに

洪恩と順縁のおかげで、ベトナム仏教会の僧侶の皆様方や人文社会科学大学（ホーチミン市国家大学）の熱烈なご支援を賜り、2012 年末から現在まで、宗教研究センターは、学術研究、資料編纂、教育、特に国内及び国際学会大会の主催など様々な分野で、ベトナム仏教学研究院、ホーチミン市ベトナム仏教学院と連携してまいりました。今回も同じように、これまでの成果を発揮して、ホーチミン市ベトナム仏教会僧事部所属・尼僧部と当センターが協力して学会大会「ベトナムの女性仏教徒：伝統と現代」を開催しました。皆様がお手元にお持ちの本は、この学会大会の成果です。

皆様、

慈悲喜捨、無我為他、利楽群生の思想を持つ仏教は、差別することなく全てを平等に扱うので、古代から現代における人類のその他の深遠な思想体系と比べても、仏教は最も民主的で平等であり、開かれた寛容性を持っていると言えます。

ゴータミー説話（増支部三集）や瞿曇弥経（中阿含経第二経）のような原始経文によると、世尊が生きていた頃、浄飯王がこの世を去った後に、摩訶波闍波提が 500 人の釈迦族の女性たちを従えて、豪華絢爛なカピラ城を捨て、袈裟を身にまとい足には何も履かず、カピラ城から毘舎離城までの長い道のりを行き、「家族を捨て、死ぬまで家を持たず、如来が説く法と律に従います」と、世尊に女性の出家を認めてもらおうと懇願しました。阿難が何度か説得したのち、ついに世尊は八敬法を必ず守ることを条件に女性が僧伽に加わることを許しました。摩訶波闍波提は世尊から大愛道という仏名を賜りました。そして、摩訶波闍波提と 500 人の尼僧は比丘尼として尼僧団を創り、生涯を通して修行に励み、僧のように解脱に至りました。このときから尼僧団は僧団とともにありますが、これは喬曇弥のお導きのおかげであります。このように、この方は尼僧団の始祖なのです。

成立から今までの約 2600 年間、仏教尼僧団は日々発展して止まることなく成長しており、世界の多くの国々で積極的に活動しています。尼僧団と女性仏教徒（善女人）たちは、仏教や社会生活における様々な分野、特に社会安定活動、慈善活動で大きく貢献しています。ベトナムの女性仏教徒も同様です。

宗教研究センター、人文社会科学大学(ホーチミン市国家大学)、ホーチミン市ベトナム仏教会僧事部所属・尼僧部がこのたび共催で行う「ベトナムの女性仏教徒：伝統と現代」の目的は、女性仏教徒の伝統をその始まりから現在まで見直し、歴史上ないし現在の生活や社会活動における尼僧たちやベトナムの女性仏教徒の役割、地位、貢献を捉え直して認めることに他なりません。

この紀要に収録された論文はどれも上で述べたようなテーマに即した内容に着目しており、概括を述べた論文もあれば具体的な問題に踏み込んだ論文もあります。現状、現実から議論を始めている論文や、経文から教理や思想について研究した論文もあります。この紀要に収録された論文は、それぞれの著者によって様々な視点から様々な側面について書かれています。そのため、内容の質が揃わないことも懸念されますが、幸運なことに、掲載した論文は主張する意見に相違はありながらも全て仏教全般及び女性仏教徒の教会と社会に対する地位と役割を積極的に肯定しています。

論文を選定し公開する過程で、委員会は各論文の精読、体裁の編集整理、歴史考証に尽力しました。しかしながら、まだ細微な間違いが残っている可能性があります。再版の折に論文を修正して完全な形にするために、学会大会組織委員会と紀要編集委員会は読者の皆様からのご指導ご鞭撻をお待ちしております。

近くにいる方、遠くにいる方、全ての方に向けて本書をここにご紹介いたします。

皆様の心身の常楽と、多くの吉祥をお祈りしながら、御礼申し上げます。

2016年

グエン・コン・リー教授

宗教研究センター副所長

人文社会科学大学(ホーチミン市国家大学)

ベトナム仏教会僧事委員会尼僧部による学会大会に寄せる挨拶[1]

ティック・ヌー・ティン・グエン

各団体の代表者の皆様、
研究者の皆様、

はじめに、本日学会にお集まりいただいた代表者の皆様、研究者の皆様に心から歓迎の意を表します。このような重要な学会大会でベトナム尼僧界を代表して挨拶できることをとても光栄に感じます。

ご臨席の皆様、

全国各地から多くの研究者の方々が本学会にご参加いただいていることを、とても嬉しく思います。これは、近代化と国際化の時代における国家の発展における、女性仏教徒の発展、ひいては社会における女性の発展に対する、皆様の関心の高さを物語っています。

ベトナムの歴史上、徴姉妹の姿は女性の潜在的な強さと貢献する能力の具現化したものであるということができます。ベトナム仏教の歴史において、倚蘭元妃、妙因尼僧、玄珍公主、玉万公主 ... のような優れた女性たちが、民族の発展に少なからず貢献しています。現在でも、ベトナムの女性仏教徒は多方面において、特に社会慈善活動で、積極的で多大な貢献を続けています。また、ベトナムの女性仏教徒は、海外留学や、サキャディター国際女性仏教徒会議への積極的な参加などの活動を通して、世界の女性仏教徒との合流を進めています。しかしながら、ベトナムの女性仏教徒の才能と積極的な貢献は、まだ社会にはあまり知られていません。

そのため、ホーチミン市ベトナム仏教会僧事委員会尼僧部が、宗教研究センター、人文社会科学大学(ホーチミン市国家大学)と協力して「***ベトナムの女性仏教徒：伝統と現代***」というテーマで学会大会を開催することは、この時勢においてとても重要な意義のあることだと考えます。この学会大会という枠組みの中で、ハノイ、ハティン、ダナン、ニャチャン、バリア、そして最も多くの方にお越しいただいているホーチミンから集まった科学者たちが、ベトナム仏教における女性に関する価値ある歴史的資料や情報を共有されることと信じて

1　ベトナム仏教会僧事委員会尼僧部寄宿学校副委員長、尼僧長

います。

学会は、女性仏教徒の発展の歴史を伝統的視点から現代的視点まで見直し、ベトナムの女性仏教徒の発展に有益な着想を出す機会を我々が持つ助けとなるでしょう。なぜなら、慈愛に満ちた平和で進歩した社会では、女性の役割はその名にふさわしいと認められているからです。

最後にベトナム仏教会中央尼僧委員会を代表して、代表の皆様、科学者の皆様の健康と安寧をお祈り申し上げます。我々の学会大会が成功することをお祈りいたします。

ありがとうございます。

人文社会科学大学(ホーチミン市国家大学)による学会大会開催の挨拶

尼僧長並びに尼僧の皆様、
ベトナム祖国戦線中央委員会代表、
政府宗教委員会並びにホーチミン市宗教委員会指導部、
ホーチミン市国家大学理事会、人文社会科学大学指導部、
代表者、研究者、全ての皆様。

仏教が我が国に伝播してから2000年以上が経ちます。2000年以上の間仏教は民族とともにあり、発展してきました。これは入世仏教の教えである護国安民、利楽群生です。仏道、民族、社会奉仕はベトナム仏教会の活動指針であります。仏教会には僧団の他に尼僧団と女性仏教徒もおり、彼女たちは祖国と民族に少なからぬ多大な貢献をしています。

今日、この学会において、社会におけるコミュニティーに対する女性仏教徒の素晴らしい伝統を振り返るために、我々はともに慈しみ合い、団結します。具体的には、教理思想中で女性が抱える問題、法律上で女性が抱える問題、そして初期仏教から現在までの仏教会内部で女性が抱える問題について考察し、ベトナムの歴史上や現在の生活や社会活動における女性仏教徒の役割、地位、貢献を研究し肯定します。委員会によって選ばれた、紀要に掲載されている見識者や研究者の皆様による70近い論文、特に各会場で行われる発表を通して、それらの問題をより仔細に議論しあい、教育や医療、研究活動、特に社会の安定に対する尼僧や女性仏教徒たちの貢献を讃えると同時に、近代化、統合化、国際化が進む中での生活や社会における、仏教会での女性仏教徒の役割を認められることを望んでおります。

皆様、

仏教は我々の思想に対して、人類の思想史において初めて釈迦牟尼によって平等、民主、寛容の問題が提起されましたが、それらの問題のなかには男女平等の問題がありました。釈迦牟尼は「一切衆生悉有仏性」(全ての衆生が仏性を持つ)と説き、この仏性とはまさに清らかに静かな心で自由な状態のことです。我々人間が行持の過程でこの心にたどり着けば、仏性を悟ったことになります。また、釈迦牟尼は、女性であっても男性と全く同じように仏性の悟りに至ることができるとも説いています。釈迦は「因果法則と解脱の真理の前では、人は皆平等である。等しく塩辛い涙、赤い血の中、そして男女、貴賎、地位の高低……などの間であっても階級はない。全て皆如来の教えの中で修習し、解脱し、悟りを開く可能性を持っている」と説きました。そのため、摩訶波闍波提が500人の女性たちとともに壮麗なカピラ城に別れを告げ、果てしなく長い道のりを裸足で歩き、出家して仏道に励み、仏の道を生きる許しを請うために毘舎離城にやってきました。思案の末、世尊は僧団の他に尼僧団を創ることを許しました。この尼僧団は、摩訶波闍波提が率いることになりました。

尼僧団が誕生してから現在まで、女性の出家者、在家信者たちは世界各国で多方面において様々な貢献を果たしてきた。ベトナムの女性仏教徒も同様であります。

今回の学会大会において、本学会が発表を通して提示された問題を皆様と共にさらに明らかにしていけることを望んでいます。

最後に人文社会科学大学(ホーチミン市国家大学)監督委員会、指導委員会、組織委員会、主催メンバーを代表しまして、学会大会「ベトナムの女性仏教徒：伝統と現代」の開幕をここに宣言いたします。

皆様の安楽と吉祥、大会の成功をお祈りいたします。

学会大会組織委員会挨拶

学会大会組織委員会

ベトナム仏教会指導部の僧侶の皆様、
尼僧長、尼僧の皆様、
代表者の皆様、ご来賓の皆様、
研究者の皆様、仏弟子の皆様ならびにご来場の皆様、

約6ヶ月の準備の末、今日、学会大会「ベトナムの女性仏教徒：伝統と現代」が人文社会科学大学(ホーチミン市国家大学)で行われます。この大会において、指導部と組織委員会は僧侶ならびに尼僧の皆様、来賓の皆様、代表者の皆様、研究者の皆様と良き仏縁を共にしてここにお迎えできますことを光栄に思います。組織委員会を代表して、挨拶いたします。

今回の学会では国内各地から、特にホーチミン市やハノイ市から77件の論文投稿をいただきました。査読の結果、組織委員会と編集委員会で68の論文を選び紀要に掲載しました。

これら68件の論文は、76名の方々によって書かれました。つまり、連名による論文もあります。このうち、40名は女性です。尼僧は10名おり、女性執筆者の4分の1を占めておりますが、組織委員会の希望からすると、今回の尼僧の方々の執筆者数はまだ少し少ないです。

紀要に掲載された68件の論文を組織委員会と編集委員会で分類したところ、13件は1：*原始から現代までの教理・思想、戒律及び仏教教会の組織内における女性が抱える問題*、19件は2：*ベトナムの歴史と仏教における女性の役割、地位、貢献に関する問題*、36件は3：*現在の生活と社会活動におけるベトナムの女性仏教徒*に関するテーマでした。テーマ3に関する論文が他のテーマよりも多いことになります。

どの論文も、それぞれのテーマに焦点を当て、そのテーマに即していますが、その視点や深さは様々です。

テーマ1では、経文や戒律からみる女性や、長老尼偈経、小品、八敬法からみる教会における女性の役割に焦点を当てて論じた論文が多く見受けられます。近年、若い世代の僧や尼僧が仏教教理の平等精神に基づいて理解し意見をかわすために八敬法の問題を指摘しています。この問題についてはまだ統一した見解がありません。伝統的な捉え方に従い本大会では、尼僧が八敬法を遵守することは必要なことであると指摘する論文があります。世尊が八敬法を出しこれを出家した女性が遵守することで、教えに背くことがないようにするからです。八敬法は正しい教えにそった修習の中での出家女性の安全を守るための有効な手立てで、尼僧が八敬法を重んじている場合、僧侶はその決まりを守り尼僧から敬われるにふさわしくあれるよう精進し続けなければならないからです。仏教教理や仏教の人生観における女性の地位、威信について論じた論文、歴史の流れの中での女性仏教徒を考察した論文もあれば、宗教一般におけるフェミニズム問題、哲学や社会学の観点から女性の権利及び男女平等問題について深く論じた論文もあります。

テーマ2では、19件の論文全てがベトナム史における女性仏教徒の役割、地位、貢献に焦点を当てています。ここでは、妙因、陳氏玉豪皇后のようなベトナム仏教史上著名な尼僧が多くの論文で言及されています。仏教徒の古い資料からみる女性仏教徒の役割に言及した論文もあります。仏教会の歴史や社会生活における尼僧の威信、地位、貢献に肯定的な意見を示した論文もあります。いくつかの論文では、仏と女神の関係性における文化の変化の問題に対して研究者が関心を寄せています。考古学の観点から南部にある阮朝期の貴族女性の陵墓が持つ仏教性を考察したり、古い寺院に残されている漢文資料から南部における仏教に対する女性仏教徒の貢献を見つけ指摘したりした論文もあります。

テーマ3は今大会で最も多くの論文が集まり、他の2テーマの合計よりも多い論文があります。ベトナムの尼僧一般、またはホーチミン市の尼僧がグローバル化の時代に参入し、発展を遂げていることを扱った論文がいくつかあります。多くの論文が、フイン・リエン、ニュー・タイン、チー・ハイ、ビウ・リーのような、現代の著名な尼僧の仏弟子や社会に対する貢献に言及しており、その他の尼僧長もいくつかの論文で言及されています。尼僧の教育に関する論文もあります。多くの論文が、慈善活動、社会の安定、孤児や身寄りのないお年寄り、障害者に対する尼僧や女性仏教徒の貢献について、多大な時間と労力を費やしたフィールド調査のデータとともに言及しています。実勢仏教徒全体の各地方での活動・貢献も研究者が関心を寄せており、ハノイ、ダナン、カインホア省ニャチャン、バリアーヴンタウ省、カントー、そしてホーチミンでの活動が最も多く言及されています。クメール族の女性仏教徒に関する問題もチャーヴィン大学の研究者が書かれた論文で考察されています。

僧侶の皆様、そして研究者の皆様、

大会組織委員会は、全体発表や午前・午後の分会での発表を通して、本日の学会大会であげられた女性仏教徒の問題がより明確になり、ベトナムの尼僧や女性仏教徒の地位や威信、歴史上及び現代社会に対する貢献に賛同的かつ統一的な見方を示すために、研究者の皆様と参加者の皆様が、誠実かつ率直に胸襟を開いて議論されることを願っております。

研究者の皆様の智恵を結集することで、女性仏教徒が自らの役割や威信を再確認する基盤に本大会での発表や議論がなり、ベトナム仏教の素晴らしい伝統の積み重ねを発揮するべく女性仏教徒が仏教会により貢献し、社会をより良くより豊かにするために奉仕する機会を持てることを願っています。

本大会が成功することを願っています。

僧侶の皆様、ご来場の皆様、研究者の皆様、仏弟子の皆様の安楽、吉祥、如意をお祈りいたします。

ベトナム仏教会管理評議会主席による挨拶

南無本師釈迦牟尼仏
南無大愛道比丘尼祖師尼作大証明
僧侶の皆様、
主催者の皆様、
代表者の皆様、

2500年以上前、インドの毘舎離城で釈迦が悟りを開かれてから5度目の安居の時期に、世尊は自らが考え出した8つの遵守すべき法を女性たちが受持することで、憍曇弥と500人の女性の出家をお許しになり僧団からも同意を得ました。そのときから、教団は比丘と比丘尼から成っています。僧の中に10人の優れた弟子がいれば、尼僧にも優れた10人の証果を得た阿羅漢がいます。特に、上座部仏教の長老尼偈経に収録されている522編は、世尊の頃の尼僧たちの修行と実践の過程を雄弁に物語っています。

世尊の入滅後、阿育王の治世である紀元前244年に、サンガミッターという仏名を持つ王の娘と、息子であるマヒンダは尼僧たちを率いてスリランカに赴き、現在も残る尼僧団を設立しました。それから、タイ、ラオス、カンボジア、ミャンマーのような上座部仏教の国々に伝わり、どの国も尼僧団を有しています。

ベトナム仏教においては、紀元前1世紀の前半50年間に捌難公主、韶華公主、昭容公主、永徽等の徴姉妹の蜂起に参加した女性たちは、救国の任務を終えた後、発心して出家し、比丘尼になりました。彼女等はベトナム仏教における最初の比丘尼です。李朝期には妙因尼僧、陳朝期には彗通尼僧、鄭阮紛争期には妙圓尼僧、妙彗尼僧などがいました。現代(1920 − 1950年)では北部にダム・タイ尼僧、ダム・トゥー尼僧、ダム・ソアン尼僧、ダム・ヒウ尼僧、ダム・ティン尼僧、ダム・スオン尼僧、ダム・タイ尼僧、ダム・トゥー尼僧、ダム・ソアン尼僧、ダム・ヒウ尼僧、ダム・ティン尼僧、ダム・スオン尼僧が、中部にフエ・ティン尼僧、ハイ・トン尼僧、自演・チュオン尼僧長、ジエウ・コン尼僧長、ジエウ・フオン尼僧長、ザック・ティエン尼僧長が、南部にジエウ・ゴック尼僧長、ジエウ・キム尼僧、ジエウ・ティン尼僧、ジエウ・タン尼僧などが、乞士派についてはフイン・リエン尼僧長、バック・リエン尼僧、タイン・リエン尼僧が、上座部仏教の尼僧にはジエウ・ダン尼僧などがいました。南ベトナム僧伽教会(1956 ― 1964 年)には、ニュー・タイン尼僧長が指導する南ベトナム尼僧管理委員会、フイン・リエン尼僧長が指導する乞士尼僧団がありました。

統一ベトナム仏教会による第 3 回ベトナム仏教統一(1964)の頃には、北部尼僧団にフエン・ホック尼僧長ー第 1 期(1964 ― 1968 年)北部尼僧団局長がおり、第 2 期はリエウ・タイン尼僧長、第 3 期はニュー・タイン尼僧長、第 4 期は(1974 ― 1981 年)ニュー・チー尼僧長がいました。

1975 年 4 月 30 日以降、南ベトナムが解放され祖国が統一されて、ミン・グエット和尚が主席を務める愛国仏教連絡委員会が誕生しました。委員会の常任委員であるリエウ・タイン尼僧長、フイン・リエン尼僧長は、解放まもない国土の安定と戦争の後遺症の克服に貢献しました。特に各教会、各仏教会派の一致団結意識の萌芽に貢献し、ベトナム仏教を統一してベトナム仏教会の設立の素地を作りました。ベトナム仏教会は、1980 年 2 月 12 日に設立された統一運動委員会を経て設立されました。委員長はチー・トゥー和尚が、常任委員はニュー・ホア尼僧長とフイン・リエン尼僧長が務めました。

第 4 回ベトナム仏教統一(1981)の時期にベトナム仏教会が設立され、ダム・ニュン尼僧長、ダム・デー尼僧(北部)、ジエウ・コン尼僧長(中部)、ニュー・ホア尼僧長(南部・福恵寺)、フイン・リエン尼僧長がベトナム仏教会中央管理評議会メンバーに選ばれました。第 2 期はフエン・ホック尼僧長、ニュー・ホア尼僧長、ティン・グエン尼僧長、フエ・トゥー尼僧長、ダム・ハオ尼僧長、ダム・ギエム尼僧、ダム・ヒエン尼僧、ダム・タイン尼僧、ダム・コア尼僧、ミン・ティン尼僧が、上座部仏教からはシエウ・ファップ尼僧、クアン・ミン尼僧が評議会メンバーを務めました。

特筆すべきことは、第 6 期(2007 ― 2012 年) 2008 年 11 月 4 日、ティック・チー・ティン和尚(ベトナム仏教会中央管理評議会主席)が、フエン・フエ尼僧長を部会長に、ティン・グエン尼僧長を中央尼僧部常任副会長に任命する人事を承認したことです。

2009 年 1 月 1 日、中央尼僧部はベトナム仏教会中央第 2 事務局に設立され、正式に活動を開始しました。10 年が立ち、44 の尼僧部支局が各省・中央直轄都市に設立され、全国の尼僧と仏教信者の統計が取れるようになり、全国の仏教学校、夏安居、戒壇で学ぶ尼僧の修行環境が安定しました。最も顕著なのは社会慈善活動で、毎年ベトナム仏教会の社会慈善活動成果の 1/3 を占めています。

そのほか、国際的な分野でも、2010 年第 11 回世界女性仏教徒会議のベトナム・ホーチミン市開催に成功しました。同時に、タイ、インドネシア、インド、シンガポールなどで開かれた国際会議に参加し、ベトナムの尼僧コミュニティーと世界の尼僧コミュニティーの繋がりを築いてきました。

今日、ベトナムの尼僧団はベトナム仏教会のもとで世尊がいた頃から現在に至るまでの、結果に結びつく実修・実学、調和のとれた団結、仏法・社会・衆生への献身的貢献、21 世紀そして以降の世紀における教会の厳粛な発展と安定への貢献という、素晴らしい伝統を引き継いでいく条件が十分に整っています。特に意義のあるこの大会は、ベトナムの女性仏教徒の大きな成果であり、ベトナム仏教会設立 35 周年(1981 ― 2016 年)を迎えるにあたり素晴らしい象徴的な出来事であると言えるでしょう。

尼僧の皆様がベトナム仏教会のもとで道業に絶え間なく精進されることをお祈りします。

大会の成功をお祈りいたします。

ご臨席の皆様、ありがとうございました。

南無本師釈迦牟尼仏

ティック・ティエン・ニョン和尚

ベトナムの歴史と仏教における女性の役割、地位及び貢献

ティック・ヌー・ニュー・ニュー[1]

歴史を遡ると、千年間の中国支配により、東アジアの伝統における女性の地位は尊重されることがあまりなく、女性たちは「一男は有り、十女は無し」の観念が家族思想に深く入り込んだために社会での冷遇に耐えなければならなかった。この蔑視観念を後押ししたものがまぎれもなく、誘惑に乗らないように全ての男性が気をつけなければならない危険な敵として女性を捉えた宗教的な性別の偏見である。しかし、ベトナムの歴史において、国家建設と防衛における女性たちの貢献を否定することはできない。

時の流れは様々な記憶、悲喜交々をおぼろげにして消すことができるが、どの時代においても女性たちは自らの「国破れる時、民にも責任あり」の言葉に表されるような責任を感じてきた。そのため、徴姉妹はハット川に身を投げた。この史実は年月に隔たりはあれども、「ズボンを履き、イェムをまとった」[2]女性たちの強い意志を色濃く表しており、彼女たちは「勇敢で、力強く、慈悲深くある」ことを意識し、志気を燃やしていた。

このことが最も明確に現れているのが10世紀以降である。呉朝、丁朝、前黎朝の成立及び保持は大越の民の連帯責任の起点であり、無論女性も例外ではなかった。男性しかいないと思われていた戦場に多くの女性の姿があった。国土の繁栄に対する女性たちの貢献は昔も今もいい尽くすことができない。女性たちは政治でその才能を発揮し、心血を注いで国策を編み出し、あらゆることを憂慮した。

1．昔の女性たち

世尊の時代以前は、女性たちは人類の中でもっとも醜いものを持っているとみなされ、世界の罪の源だと考えられていた！　俯瞰的に見ることで、昔の女性たちの不遇な実態をつかむことができる。

1　バリア・ヴンタウ省ティエンホア尼僧院尼僧長
2　訳註：昔のベトナム人女性の美しさを形容する表現。イェムは昔の女性の胸当て。

1.1　儀礼、儀式

ほとんどの古代宗派で女性たちは修行や宗教行事への参加を厳しく禁じられていた。経典を読経することはおろか見ることも許されず、様々な社会的権利を奪われていた。

1.2　男女の境界

女性たちに対する厳しい社会の態度は、ヴェーダ哲学及び文化特にバラモン教のリグ・ヴェーダの讃歌に影響を受けた「初期仏教」に端を発すると考えられる。

古代の人々は、女性は罪を引き起こす原因であり様々な悪行の源であると考えていたため、家庭内では女性の品位は貶められ、男性の所有物だと考えられていた。そのため社会は女性たちに畑仕事や子供の世話を押し付けることで女性を抑え込む術を探していた。さらに苦しいのが、女性が家庭を築くときに必ず負う義務が「血筋をつなぐ」ために男子を産まなければならないことである。最初の子が男子ではないことは大きな罪である。少なくとも夫が妾を取るために見捨てられてしまい、ひどいときには家を追い出される。

2．世尊による女性の地位の明言

以上のような誤った偏見とは逆に、世尊は女性が持つ重要な役割を認めた。この方は、男性のように女性が精神的に発展するために、女性に公平な機会を与え様々な辛いしがらみから女性を解放した最初の指導者である。

世尊の言葉はあらゆる愚かな信仰や無意味な儀礼儀式を一掃することに大きく作用した。そのおかげで社会は初めて女性に不平等を強いる偏見をやめ、女性を元来あるべき役割と地位に戻した。

世尊は、女性が社交的であり、家計を安定させるために財産を蓄えたりうまくお金を使ったりといった計算に長けていることで家庭の安楽と調和の大半がもたらされると考えていた。世尊の言葉は男女どちらかに偏ったものではなく、男女が共に互いを尊重し思いやることで家庭が幸せで温かいものになるというものである。

3．現代の女性

19 世紀から 20 世紀にかけて女性は社会のあらゆる分野で大きく進出し平等

を手に入れた。特に西洋では、生活の中で女性をトップに据える現代的思想を育むために国際連合が誕生し蔑視的な過去を消していった。

Susan B. Anthony (1820-1906) は 1848 年から第一次世界大戦の後に解散する国際連盟とともに女性の権利のために戦ったアメリカ人女性である[3]。彼女はアメリカの女性参政権のために生涯を捧げた。その後、国際連合憲章が女性の職業、給料、国籍、婚姻にも踏み込んで言及した。彼女は、教育、経済、美術、音楽などあらゆる社会の分野で女性が参加する機会を切り開いた。

ベトナムは小国であり、千年に渡る中国支配と百年に及ぶ西洋の支配を受け、女性たちに少なからぬ苦しみをもたらした。そのため、世界と肩を並べたいという望みを持ち女性の宿命を変えるにたる視点を西欧諸国の変動から学んだ。

歴史の変換点は目立たないものも注目されているものも数多くあり全てを列挙することはできないが、それぞれの時代の先人たちから学ぶ後世の人々の褒め称えるべき認識を略述する。

4．女性たちの貢献

紙幅の都合上、女性たちの限りない貢献全てを明らかにすることはできない。ここからは、李朝・陳朝期について概括する。

4．1．李朝期

大越史記全書には多くの公主が遠方での国務を果たすために「豪華絢爛な宮殿」を離れたという記述がある[4]。

天成己巳(1029)年 3 月 7 日、平陽公主は州牧の申紹泰と結婚した。

1082 年、欽聖公主が州牧の何彝慶と結婚した。

1127 年、延平公主が富良府の領主楊嗣明と結ばれた。しかし、延平公主は早くに亡くなってしまったため、この外交的繋がりを再び強固なものにするために、1144 年に韶容公主が楊嗣明の元に嫁いだ。この時、富良府の領主は正式に王の娘婿となった。

李朝は仏教の黄金期であり、常に「柔遠」政策をとった。それは酋長に位を与

3　訳註：国際連盟は第一次世界大戦後に設立される機関であり、明らかに史実と異なる記述であるが、原文のままに訳出した。

4　Ngô Sỹ Liên, *Đại Việt Sử Kí Toàn Thư*, NXB Khoa học Xã hội, Hà Nội, 1998, t.1, tr.253, 358, 281（呉士連『大越史記全書』社会科学出版社、ハノイ、1998、第 1 巻、pp.253, 358, 281）を参照。

えて王の娘と結婚させるというものだ。位を与えられたことで申紹泰、申景福、申承尉、真登ら首長たちは国家レベルの名声を持つ人々となり、王の娘と結婚することで王家との結びつきがより強化され、それにより彼らは朝廷の敵ではなくなった。

考古学者たちは年号が刻まれ李朝期の様式を持った煉瓦片から、バクザン省に王の娘や娘婿の宮殿跡を発見している。彼ら領主、首長たちこそが国境地帯を統括する権力を握り、国境を守るという重要な任務に力を尽くした。

1000年にも及ぶタンロンの歴史上で特筆すべきなのは、倚蘭夫人の姿であろう。彼女は直接敵前に赴くことはなかったが、李朝の領土拡大の戦いにおいて重要な役割を果たした(1089年)。

4．2．陳朝期

陳朝期においても「柔遠」政策は維持されたが、「族内婚姻(外部の一族が朝廷に取り入るのを防ぐために親戚内で結婚すること)」が主流であった。しかし、この時代に大越－チャンパ交流史に「国際」結婚の史実が刻まれることになった。玄珍公主が嫁ぎ、オー州とリー州(現在のフエ)が当時のチャンパの王である制旻王に寄進された。赤い血を流すことなく南進を成し遂げたことは高く評価できる。手法や時代は違うが、李朝期及び陳朝期の王女たちは、上で述べたような政略結婚による国家の絶え間ない領土拡大を通して、歴史にその功績を刻んできた。

遥かなるオー州とリー州
玄珍公主の功績はどれほどか

儚い娘は自らの幸せを犠牲にして民族の平安と国土の繁栄を代わりに得る宿命を知っていた。仏に使える娘たちとベトナムの女性たちも軍事的戦略を考える上で自らの本領を発揮した。陳朝期においてそれをもっともよく表しているのが陳睿宗の妃である阮姫(またの名を碧珠)だ。以下の雞鳴十策(鶏が朝を告げる声から名付けた十策)[5]は国の強化と朝廷の安定を狙ったものである。

1)民の心が平穏で楽しくあれるように、国の基礎を高めて強固にし、

5　Hoàng Hữu Yên (hiệu đính và giới thiệu) (1962) “Hải Khẩu Linh Từ”, *Truyền Kì Tân Phả[傳奇新譜](Đoàn Thị Điểm)*, Tủ sách Trường Đại học Tổng hợp, NXB Giáo dục, 1962, tr.12（ホアン・ヒウ・イエン（校正・紹介）「海口靈祠」『傳奇新譜』(ドアン・ティ・ディエム著)、総合大学文庫、教育出版社、1962、p.12）参照。

無慈悲なものを排除せよ

2)社会規範を乱さぬように、規則を守り、厄介なことを排除せよ

3)政の腐敗を阻むために、王権を蝕む者たちを処罰せよ

4)人民を苦しめる悪を取り除くために、横暴を働く輩を排除せよ

5)物分りが良くなるように、儒教的な教えを学ぶことを奨励せよ

6)正直に話し、正しく上申せよ

7)兵士を選ぶときは見た目の屈強さよりも勇敢さや能力を重視せよ

8)将軍は家柄ではなく兵法に関して才能のあるものを選べ

9)武器は飾るための装飾で選り好みするのではなく、鋭く良く切れるものでなければならない

10)戦術は見て美しいものではなく、整然としたものでなければならない

陳睿宗はこの十索を読み終えた後、妃の類い稀な聡明さを讃えた。ただひとつ残念なのが、王はこれを施行しなかったのである。度重なる妃の上申を聞き入れず、ついに国は胡氏の手に落ち(1400年)、碧珠も海に身を投げた。まさに薄幸の美女の最期である！

4．3．女傑で忘れてはいけないのが、独創性あふれる「五規」で知られる阮氏玉琰だ。彼女は見識が広く、国事に造詣が深く、政治に関して優れた思想と視点を持っていたため、臣下から敬われて王からも信頼され、何度も摂政政治を行った。「五規」は当時の国を盛り立てるのに効果的に編纂されている。

1)農業安定政策：農業を発展させる、農業が栄えると国勢は必ず増し社会は安定する。

2)公共事業政策：国に富をもたらすために工業を発展させる。

3)商業活性化政策：貿易を奨励する。商品の売買は社会を活発にし、躍動感溢れるものにする。

4)知的活動活性化政策：教育に関心を持ち、識字能力を高め人材を教育すれば、国土は栄える。

5)法治政策：法律をもって社会を管理する。国の法を遵守すれば社会は平穏になる。

史料からは鄭主がこの「五規」を実践したのか明らかにならないが、実際に鄭

楹の治世の北河はかなり安定しており、社会基盤がこの「五規」の上に成り立っていたように感じられる。

公主たちが宮殿から遠く離れた高地の領主たちの元で自らの人生の幸せを掴めたのか、歴史からは窺い知ることができないのだろうか。この問いに答えることはまだできないが、歴史は李朝期の公主である李玉嬌について記している。彼女はわずか16歳の時に州牧の真登と結ばれ、29歳の時に出家した。まだうら若き年頃だったにもかかわらず、固い意志で節を全うしたわけで、この事実は彼女らがともに多くの幸せを享受していたことを示しているだろう。仏門に入り修行に励み、彼女はベトナムの第一級の高僧になった。それが尼僧妙因である。

4. 4. これまでの道のりを振り返ってみると、大乗仏教の尼僧部は次のような偉大な尼僧たちの1975年前後の功績を残している。

－ニュー・タイン尼僧長（花林寺－ホーチミン）
－ニュー・ホア尼僧長（福恵寺－サデック）
－ニュー・フエ尼僧長（永寶寺－ベンチェ）
－ジエウ・コン尼僧長（洪徳寺－フエ）
－トゥー・フオン尼僧長（霊峯寺－ダラット）
－ダム・リウ尼僧長（福和寺－ホーチミン）
－フイン・リエン尼僧長（玉芳寺－ホーチミン）
－ジエウ・ガー尼僧長
－チャーヴィン省の女性たち

このころは、国が多くの困難にぶつかっており、尼僧長たちはある面では積極的に協力して祖国解放革命の成功に身を捧げ、ある面では仏法を広めて同胞たちが抱える戦争の痛みを和らげるために弘法活動に身を捧げた。

歴史上、ブイ・ティ・スアン、ヴォー・ティ・サウ、グエン・ティ・ディンのような数多くの優れた女傑がいる。そしてジエウ・クアン、ニャット・チー・マイ、クアィック・ティ・チャンのような気骨のある尼僧たちもいる。枚挙に暇がなく、どんな言葉を持ってしても長い歴史上のあらゆる分野における女性の功績を言い尽くすことはできない。

5．科学・芸術分野の女性

ー彫刻家ディエム・フン・ティ（1920 ー 2002）

彼女は 20 世紀の才能溢れる芸術家で、彼女の名声はヨーロッパ中に知れ渡り、ラルース百科事典にも掲載されている。1949 年、彼女はフランスで歯学を学び、その後彫刻の道へ転向した。ベトナムでは、彼女の作品展覧会が以下の 3 回行われた。

＋ 1962 年サイゴン

＋ 1978 年ハノイ

＋ 1994 年フエ

ー天体物理学者リウ・レ・ハン(1963 年ー)

世界で有名な天体物理学者といえば、リウ・レ・ハン(Jane X. Luu, 1963 年ー)博士であろう。彼女は天文学の分野において古今を問わず幅広い見識を持った学識のある若手の女性として世界中に知られている。特に、彼女は特色があり現代的な発見をした先進的な人であり、宇宙に関する人類の見識を大きく広げてくれた。

女史は世界各国のあらゆる科学賞を受賞し、アメリカ天文学会からも 30 以上の小惑星を発見した功績が認められ、アニー・J・キャノン賞が贈られた。世界の科学者たちは彼女の名前を取って小惑星 5430 ルーと名付けることで一致した。2012 年、彼女は天文学のノーベル賞と称されるほど権威のある、ショウ賞とガヴリ賞を受賞した。

ー医学博士チャン・ハー・リエン・フオン(1981 年ー)

医学博士 Trần Hà Liên Phương 女史ー医療技術研究の専門家(国際大学(ホーチミン市国家大学))ーは、2015 年 3 月 18 日、各国の 14 名の女性研究者とともにロレアルグループとユネスコによる「世界の才能溢れる若手科学者」賞をベトナム人女性科学者として初めて受賞した。彼女の研究分野は薬学とガンである。「癌治療および診断のためのフコイダン系高分子ミセル構造の研究」が、審査員からその効果と経済性及び副作用の少なさという観点から高く評価を受けた。

6．詩歌分野の女性

*－胡春香：*独創的で大胆かつ強い作風から「字喃詩の女帝」と称される。

もし私みたいなやつが男になれるなら、

英雄としての功績はどれほどになるでしょうか

*－縣青關：*本名はグエン・ティ・ヒン、近代ベトナム文学史上で有名な詩人の一人である。彼女の詩はとても上品で洗練されており、情感豊かである。

千年間今も昔も古い鏡に映っている

あの景色もこの私も引き裂かれそうに辛い

*－段氏點：*傳奇新譜の著者であり、征婦吟曲（ダン・チャン・コンによる漢詩）を征婦吟（字喃詩412編収録）として翻訳した翻訳者である。彼女は一級の美しさと文才を兼ね備えた女流作家として賞賛される。どれほど時が経とうとも、艶麗で忘れることができない彼女の詩は何世代にも渡って人々の心に生き続けている。

桑の木が一面に青々と茂っている

あなたの心と私の心、どちらの方が悲しんでいるでしょう？

*－孀月英：*本名はグエン・ティ・クエ、詩人阮廷炤（通名ドー・チエウ）の第四子である。彼女の洗練された言葉には切実なまでの心からの愛国心と、南部ベトナム女性の毅然とした力強さが秘められている。

鏡が節婦の生涯を映している

山河の音がいつまでも響いている

7．在家の仏教徒女性

勝鬘夫人（波斯匿王の娘）や、韋提希（阿闍世王の母）－最も多く施しを与えた女性たち－が集団の先頭に立つ近代の女性であったとするなら、我々ベトナムには、ニャット・チー・マイやクアィック・ティ・チャンのような仏法の理想のために身を捧げる素晴らしい手本があることになるだろう。

一般にベトナム女性の功績について述べると、あらゆる分野の昔の女性たちの功徳や忍耐、犠牲心で手本とすべき人々がまだ多く残っているが、どのような言葉を持ってしても全てをあげることはできない。

8．出家した仏教徒女性

女性仏教徒の歴史を最初に切り開いたのは、摩訶波闍波提である。その聡明な指導により、当時の尼僧団は僧団と同じく確かな存在となった。僧団に十大弟子がいるとすれば、尼僧団にも仏から賞賛された優れた十大弟子がいる。

1. 摩訶波闍波提比丘尼：耆宿第一
2. 差摩比丘尼：智慧第一
3. 蓮華色比丘尼：神通第一
4. 曇摩提那比丘尼：説法第一
5. 撥多伽羅比丘尼：持律第一
6. 難陀比丘尼：禅定第一
7. ドゥーロー[6]：論議第一
8. 奢拘梨比丘尼：天眼第一
9. 輸那比丘尼：精進第一
10. ビンバー[7]：安住心第一

仏教は北方に伝わり、中国とベトナムでも次のような勇敢な尼僧の功績が残されている。

－総持尼師

－了然尼師

－妙因尼師

－清涼尼師

－ …

このような伝統に続く形で、現代の女性仏教徒はますます才能豊かになり、広い見識を得て、自分，家族、社会にその恩恵をもたらしている。

今日、社会は多くの不足を抱えている。女性仏教徒はますますあらゆる面において意識を強なければならない。

*－家庭と社会にとって重要な５つの戒律の尊重：*三宝に帰依した家庭の構成員は、五戒を守り勉学に励み、仏の教えを実生活で実践し、個々の道徳心を磨

6　訳註：訳者が知り得た限りでは、比丘尼の中で論議第一と称えられた者はいないため、原文のDuloのカタカナ表記とした。

7　訳註：訳者が知り得た限りでは、比丘尼の中で安住心第一と称えられた者はいないため、原文のBimbaのカタカナ表記とした。

き、調和のとれた幸せな家庭を築き、共に三宝を保持して、恵まれない人々の世話をして社会を日増しに文明的で進歩したものに貢献する。

*ー若い世代への道徳教育：*どのような人であるべきか、子であるべきかを説いた短い経文に親しみを持ってもらうように青少年を指導して、若い世代の道徳の基礎を育てるために教理を教える教室を開き、同時に地域社会への参加を促すために健全な娯楽の機会を設ける。一般化すると、若い世代の信仰心が持つ要求に関心を向け、若い世代が社会に貢献できて仏の教えに忠実な人々になれるように教育しなければならない。

要するに、感情豊かで道徳心にあふれた生活は、家庭の幸せを築くために肝要なのである。

優婆塞と優婆夷にも、三宝、五戒、十善戒、菩薩戒を受持することを許してから、仏の心は平等である。共に手を携え仏法に貢献している。仏は以下のように家庭生活で欠くことのできない責務について明言している。

1)夫が妻に果たすべき責務

ー妻を敬え

ー妻に忠実であれ

ー妻に権利を与えよ

ー妻に女性用の装飾品を買い与えよ

2)妻が夫に果たすべき責務

ー己の責務を全うせよ

ー夫に忠実であれ

ー夫の家族を上手にもてなせ

ー夫の財産を守れ

ーあらゆる仕事を素早く進んで行え

現在、「女は機織り、裁縫、家の仕事をする」という思想や観念は残っていない。現代社会は、女性が商業や政治に参加できるような縁を数多く紡いできた。それでもなお、女性は自身の美しさ、優雅さ、神性を損なっていない。

女性仏教徒として、我々は仏陀の教えを実生活で実践しなければならない。そうすれば、生活の状況はすぐに素晴らしいものになるだろう。

蚕が糸をかける、蜘蛛も糸をかける
いつの世に蚕の糸のような蜘蛛の糸があるだろうか

仏弟子として、我々は正業に就き正命を行い、自らの行いの結果が常に明るいものになるように道理についてよく考えて分析しなければならない。

賢い魚は椰子の陰には絶対に隠れない
賢い鶏は人の家には絶対に入ってこない

歴史、空間、時間軸上のどの地点でも、ベトナム民族には礼節と貞操を守る女性、不屈の英雄、女傑がいた。今日、女性たちはますますその己のずば抜けた才能と人格を発揮している。女性であることを恥じないために、在家信者も出家信者もみな国土の建設に力を合わせて、どのような地位であっても、忍耐強く身を捧げ、寛大な心を持たなければならない。慈悲の心が呼び覚まされた時、人生は常に力強く前に進む。

長い道のりが歩みをつなぐ
日差しも雨も気にしない、槍も棘も避けない
長い時を経て石は削れ、色褪せる
足はまだ粘り強く道を行く

ベトナムの女性があらゆる分野で成功を収め続けることを祈念する。

参考文献

1. Đoàn Thị Điểm, *Truyền kì tân phả,* Hoàng Hữu Yêu (hiệu đính và giới thiệu) (1962), Tủ sách Trường Đại học Tổng hợp, NXB Giáo dục, Hà Nội(段氏點『傳奇新譜』ホアン・ヒウ・イエン(校正・紹介)(1962)「海口霊祠」総合大学文庫、教育出版社、ハノイ)

2. Ngô Sĩ Liên và các sử gia triều Lê, *Đại Việt sử kí toàn thư* (1998), NXB Khoa học Xã hội, Hà Nội(呉士連とその他黎朝歴史研究家『大越史記全書』(1998)社会科学出版社、ハノイ)

3. *Tổng tập văn học Việt Nam* (1994), NXB Khoa học Xã hội, Hà Nội(ベトナム文学全集(1994)、社会科学出版社、ハノイ)

仏教における女性の位置付け

ドー・トゥー・ハー[1]

要旨

仏教における女性の位置付けは、神学、歴史、民族学、女性の権利といった様々な観点から語られる。神学的観点からの本テーマに対する関心事は、仏教社会におけるコミュニティーおよび家族における女性の扱い方、女性の仏教への進出の歴史、仏教の発展の中で女性がどのようなことを経験してきたかである。本稿は、1. 仏教初期段階における女性の捉え方　2. 仏教における女性の精神があげた成果　3. 家庭生活に関する仏教の捉え方　4. 仏教における女性の将来像の予想という4つの問題に言及する。

仏教における女性の位置付けは、神学、歴史学、民族学、ジェンダー論など、様々な面からのアプローチが可能である。神学のこの問題への関心は、仏教における女性の位置付け、家庭内及び社会における仏教社会の女性の扱い方、女性の仏教への参加の歴史、仏教における各時代の女性たちの経験などがある。他の宗教と同じように、仏教における女性の位置付けの説明はとても多様である。例えば、妻は夫の言うことを聞かなければならないとも(AN 5:33)、夫は妻を尊重しなければならない－当時において革命的な内容－とも、世尊は説いている。Bernard Faure や Miranda Shaw のような研究者は、性別の問題を議論して初めて仏教研究は始まるという意見で一致している。1994年、Shaw は以下のように述べている。

> *初期仏教の場合、インドにおける密教、修行、大乗仏教に進歩が見られた。2名の研究者によるこの論文は、インドの密教における女性というテーマに厳格にアプローチしている。特に、比丘尼とヨーギニー（ヨガを実践する女性）に注目している。*[2]

しかし、チベット仏教の女性ラマ[3]である Khandro Rinpoche は、日ごとに増

1　人文社会科学大学（ハノイ市国家大学）准教授、博士

2　Shaw, Miranda (1994), *Passionate Enlightenment: Women in Tantric Buddhism*. Princeton University Press. p.4. ISBN 0-691-01090-0

3　ラマとは、チベット仏教の上人である。ラマという名詞はサンスクリット語でインドにおける指導者を意味する guru と同じように使われるが、ここではより多くの意味を持つ。密教では、ラマは指

すこのテーマの重要性を低く評価している。彼女は以下のように述べている。

女性と仏教という話題について話をした時に、周りがそれを新しく他とは違う問題だと認識していることに気がついた。仏教における女性というものが重要なテーマになったのは、我々が現代社会を生きている中で多くの女性が仏道を実践しているからだと、彼らを信じている。女性修行者を抱える教団は数十世紀の歴史があります。その2500年の歴史を持つ伝統から、新しいことなど見出せない。もともとすでにあったもので、我々が着目することで活気付くのだ。[4]

1. 仏教の初期段階における女性に関する考え方

仏教を創始した世尊は、『八重法』を守らねばならないものの、女性も自らの教団に参加して仏道修行することを認めた。Susan Murcottは「比丘尼衆は、誕生した当時からすると、革新的である」[5]と評価している。比丘のMettanando博士は初期の仏教集団について以下のように述べている。

おそらく大迦葉と他の比丘たちは、比丘尼の方が大切にされてより多く説法してもらえていて、社会でより多くの役割を与えられたので妬ましく思っただろう。女性を拒絶する偏見はこの時八重法－8つの厳格な制限と共に作られた。我々はこの偏見を捨てなければならない。[6]

Ajahn Sujatoによると、初期にできた経典を見ると八重法の中で最も厳格な戒律は、比丘尼は僧たちに拝んで挨拶しなければならないということと世尊によって定められていて、これは当時の風習であった。そして、現在専門家の間では、このことは世尊が無理やり言わされたのではないかと疑う者もいる。しかし、邪淫に関する戒には似たような戒律が存在する。

Diana Paulによると、初期の頃の仏教における女性に関する考え方は、女性

導者というだけではなく、様々な儀礼も執り行う。この立場の人たちは指導者であると同時に如来や菩薩などの化身とみなされている。傑出したラマは "Rinpoche"（常軌を超えた宝の意味）の称号を得るという栄誉が与えられる。今日、ラマという名称はチベットの高僧を呼ぶのに用いられ、高僧たちの位で呼び分けることはない。

4 Rinpoche, Khandro (1999), Thubten Chodron, Sylvia Booorstein, ed. *Blossomes of the Dharma: Living as a Buddhist Nun,* North Atlantic Books. p.171. ISBN 978-1-55643-325-2.

5 Murcott, Susan (1991), *The First Buddhist Women: Translations and Commentary on the Therigatha,* Parallax Press, p.4. ISBN 0-938077-42-2.

6 "The First Council and Suppression of the Bhikkhuni Order"

の方が下等であるとみなしているところから端を発している[7]。Rita Gross も、女性を嫌う態度は初期のインド仏教に通常見られると、同意している。しかし、このような女性蔑視を指摘する学説の存在が、古代インド仏教そのものが女性を嫌っていたことを意味するわけではなく[8]、「女性に対する消極的な態度とこの宗派に対する消極的な意見を一緒にして考えることで、多くの論者が初期仏教の女性に対する態度は蔑視しながら重視しているというように概括するのである[9]」。

世尊による説法の言葉を記録した、パーリ語による聖典『起世因本経』を研究している研究者たちは、この経は女性が人類の衰滅の鍵を握っていると述べていることを指摘している。しかし、仏教は通常女性よりも淫欲の方が衰亡に繋がると述べている[10]。

仏教の初期における女性に関する好印象は比較的少ないが、『経蔵』には性別に対する考え方こそが涅槃や悟りに至る障害になると述べている。例えば、『比丘尼相応』の『相応部[11]』の『有偈篇[12]』にそれを見ることができ、性別による扱いの違いは、仏教の修行を妨げる欲望を擬人化した魔羅の策略であると書いてある。『ソーマー経』でソーマー比丘尼は「自分は女性、もしくは男性、もしくは自分は誰なのか？と考える人は皆魔羅を住まわせることに迎合した者だ」と述べている[13]。性別の中性と仏教における「無我」の概念を結びつけることは、世尊が常に説いている一切皆苦から解脱するための戦略である[14]。"Bondage" －しがらみと名付けられた経で世尊は、男性であろうと女性であろうと、自分の性別にしがみついていると、その人はしがらみに囚われているということになると述

7　Diana Y. Paul, Frances Winson (1985), "Traditional Views of Women", *Women in Buddhism: Images of the FemiNine in Mahāyāna Tradition,* University of California Press. ISBN 0-520-05428-8

8　Gross, Rita M. (1992), *Buddhism after Patriarchy: A FemiNist History, Analysis and Reconstruction of Buddhism,* State University of New York Press, p.43. ISBN 0-7914-1403-5.

9　José Ignacio Cabezón (1992), *Buddhism,* state University of New York Press, p.43. ISBN 0-7914-1403-5.

10　*Aggana Sutta: On Knowledge ò beginnings ò Human Kind* (pdf). Retrieved 07/07/2008

11　相応部は仏法を項目ごとに解説した経典集で、テーマ順で整理されている。5 巻（篇）、56 テーマ（相応）、7,762 経からなる。

12　天気、コーサラ国の王、魔王などの 11 テーマ（相応）に分かれており、各経典には 1 編以上の詩偈が含まれており、全て韻文で書かれている。

13　*Sister Soma,* translated from the Pali by Thanissaro Bhikkhu.

14　Bikkhu, ThaNissaro (1993), *"The Not-self Strategy"*, Access to Insight. Retrieved 2009-02-26.

べている。[15]

1. 女性の精神に関する成果

仏教の各教派は女性の精神が成果を成就させられるかについて異なった考え方を持っている。[16] 女性の権利に関する専門家は、修行の成果を成就させる女性の潜在能力を評価されるようになったのはいつ頃かということに着目してこの問題を議論してきたが、性別で違いがない言語を用いて西欧の研究者たちによって間違って解釈されてしまうと、この問題は消え去ってしまうか、ほとんど見えなくなってしまう。

2.1. 仏教における女性の成果達成の制限

Bernard Faure によると、「尼僧の説法資料のほとんどと同じように、仏教は無慈悲なまでに女性を忌み嫌った宗教の一つであるが、その記述から、女性を嫌う態度を明らかにするほど、この宗教は多様性と不一致に寛容で臨機応変に対処できる宗教であることがわかる[17]」。

仏教の伝統において、俗世での権力や地位こそ個々人の精神の功績を反映したものである。例えば、市井の人々より地位の高い聖人は精神の功績も高い。そのため菩薩と世尊は誰よりも徳の高い心を持っている。しかし、Heng-Ching Shih 尼師が指摘するように、仏教における女性は男性が障害となっていて、婆羅門、因陀羅、魔羅、菩薩、世尊にはなれないと言われている。[18] このことは、パーリ語仏典『中部』の『多界経』[19]において、女性は「完全に悟りを開いた者」、「宇宙全体の王」、「全ての聖人の上に立つ王」、「死神」、「梵天[20]」にはなれないというように述べられている。初期の頃の、女性が修行する上でのこの

---

15 Translated by Thanissaro Bhikkhu.

16 Heng-Ching Shih, *Women in Zen Buddhism: Chinese BhiksuNis in the Ch'an Tradition.*

17 Bernard Faure (2003), "Introduction", *The Power of Denial: Buddhism, Purity and Fender,* Princeton University Press, p.3. ISBN 0-691-09171-4.

18 Bernard Faure (2003), "Introduction", *The Power of Denial: Buddhism, Purity and Fender,* Princeton University Press, p.3. ISBN 0-691-09171-4.

19 あらゆる感覚認識の要素に関する経。

20 *Trung Bộ Kinh – Majjhima NikayaIII III.* 2. 5, Bahudhaatukasutta. m-(115) – *The Discourse on Many Elements.*

ような制限は、女性に男性と同等の悟りの道を開いた真経『妙法蓮華経』が撤廃した[21]。日蓮は「妙法蓮華経のみ、この経に従って熱心に修行に励んだ女性は他の女性を超えるだけではなく、男性でさえも超えられると読める[22]」。

2.2. 女性と仏教修行

『律蔵[23]』の『小品』のような世尊－仏教の創始者の言葉を記録した初期の頃の経典が、女性は悟りに至ることができると説く[24]一方で、『多界経』で世尊は、女性の世尊というのはありえないとはっきりと述べている。Heng-Ching Shih 教授[25]が指摘するように、女性は男性が障害となっていて、婆羅門、因陀羅、魔羅、菩薩、世尊にはなれない[26]。

初期の頃の聖典の仏教の教えを守る現在の教派である上座部仏教では、修行を行うのは得難い体験だと考える。阿羅漢の域を目指す過程と原始仏教の経典で、修行する上でまず大切なことは、男性の阿羅漢も女性の阿羅漢も涅槃に達した例がすでにあるということだ。世尊がまだ太子だった時の妻で、世尊の子である羅睺羅の母である耶輸陀羅は、尼僧衆に加わった後に阿羅漢になったと言われている。大乗仏教の各宗派では、成仏を目指す修行は大乗仏教を信仰する者全てに共通する目的である。様々な経に、女性は皆悟りに至ることができるが、それは一人の女性としてではないと述べられている。例えば、4 世紀に誕生した『菩薩地経』では、もう直ぐ悟りに至る女性は男性として生まれ変わると述べている。Miranda Shaw によると、「この考え方は、女性は今でも悟りに至るには不完全な存在ではないかというマイナスな推論を引き起こす[27]」。

---

21 *The Enlightenment of Women,* retrieved 25 April 2015.

22 Nichiren Buddhism Library, vol.1, p.463, http://www.nichirenlibrary.org/view.php?page=463&m

23 律蔵（サンスクリット語：vinaya-piṭaka, パーリ語：`dul ba`i sde snod）は、相談の発展の歴史、出家者の戒律が綴られており、世尊が涅槃に入ってからわずか数十年後に生まれた最古の経典であると言われている。

24 Murcott, Susan (1991), *The Buddhist Women: Translations and Commentary on the Therigatha,* Parallax Press, p.16.ISBN 0-938077-42-2.

25 The committee of Western Bhikshunis 2006.

26 Shaw, Mirand (1994), *Passionate Enlightenment: Women in Tantric Buddhism,* New Jersey: Princeton University Press, p.27. ISBN 0-681-01090-0.

27 Shaw, Miranda (1994), *Passionate Enlightenment: Women in Tantric Buddhism*. Princeton University Press. p.4. ISBN 0-691-01090-0

女性が菩薩になれないのは、菩薩とは成仏しようとしている途中の者で、菩薩は男性であるかもしれないし、動物であるかもしれないし、大蛇かもしれないが、女性であることはまずないのだ！　上座部仏教は女性が悟りを開くことを否定してはいないが、女性は仏教信者たちを指導することはできないと考えている。成仏したいという心が円満に成就されて、世尊がその時に認めたなら、その人は女性として生まれ変わることはない。そのため女性の一番大きな目的は男性に生まれ変わることである。彼女たちは男性性にたどり着くためにせいいっぱい徳を積むことで、男性になれる。女性として生まれたのは、醜悪な業障の結果なのである。[28]

しかし、仏教の密教における系譜には、仏が多く出てくる。彼らの中には曼荼羅の聖人の妻もおり、ヴァジュラヨーギニー、タラ、シンハムカのような仏母が登場するが、真の悟りを得たものの右腕のような存在として登場する。密教も多くのヨーギニーが悟りに至ることができるとは認めている。[29] Miranda Shaw は、「ナロパの弟子たちの中で、男性 200 人と女性 1000 人が完全な悟りに至ることができた」という例を挙げている。[30] パドマサンバヴァ[31]の 5 人の配偶者の一人であるイェシェ・ツォギャルは、仏母として認められているヨーギニーの例である。カルマパの教えによると、彼女は密教の伝統に従い転生することなく成仏したのだ。チベット仏教のカルマ・カギュ派の教主であるカルマパの教えを紹介しているウェブサイトによると、イェシェ・ツォギャルは 30 年間人として俗世に存在したのち、「完全に悟りを開いた仏母」[32]（三藐三仏陀）

28　Appleton, Naomi, “In the footseps of the Buddha? Women and the Bodhisatta path Theravāda Buddhism”, *Journal of Feminist Studies in Religion* (27), No.1 (March 1, 2011): 33-51, http://www.jstor. org/discover/10.2979/jfemistudreli.27.1.33?uid=3739256&uid=2&uid=4&sid=21105408440471.

29　Shaw, Miranda (1994), *Passionate Enlightenment: Women in Tantric Buddhism*. Princeton University Press. p.27. ISBN 0-691-01090-0

30　Shaw, Miranda (1994), *Passionate Enlightenment: Women in Tantric Buddhism*. Princeton University Press. p.27. ISBN 0-691-01090-0

31　蓮華生（サンスクリット語：padmasambhava, padmakāra, チベット語：pad ma sam bhava）は、ティソン・デツェン王（755 － 797）と同時代の大師である。パドマサンバヴァは仏教をチベットに広め、ニンマ派を創始し、この一派はチベットの 4 大宗派の一つである、弟子からは「第二の世尊」と呼ばれていた。彼は神通力を用いて魔物や天災に畏敬の念を抱かせた。大成就者たちの伝承は後世やヒマラヤ地域に多くの神話を残した。「偉大なる大師」（チベット語：guru rinpoche）として知られている。

32　Yeshe Tsogyal, *Princess of Karchen,*

として再び現れた(796 − 805年)。

摩訶波闍波提や耶輸陀羅の悟りに言及する際には、大乗仏教の『妙法蓮華経』第13品における世尊の言葉からできる推察がある[33]。

20世紀に、チベット仏教ドゥクパ・カギュ派に属するテンジン・パルモ尼師は「私は女性としての外見を持ったまま悟りに至ることを誓います−何生生きなければならないかは問題になりません[34]」と述べている。

3. 家庭生活に関する仏教の考え方

『僧支部』(5: 33)によると、将来妻となる者は夫の言うことを聞き、夫を喜ばせ、自分の欲望のために夫を怒らせてはいけない、夫より早く起き、夫より遅く寝るべきだと、世尊は説いている。加えて、原始仏教(上座部系)のパーリ語聖典にある『僧支部』(7: 59; IV 91 − 94)で家庭を持っている女性に対して、世尊は多くの助言を行っている。世尊は夫がいる女性を7種に分類している。3種類は不幸な運命を辿り、残りの4種類は自身を規律に従わせていると同時に自立していて、幸福が得られるとしている。幸せになる妻というのは、他人をよく面倒見る人で(母親のように振る舞う妻)、共に行動する人で(友達のような妻)、従順な人(妹のような妻もしくは奴隷のような妻)という人たちである。

Diana Paulによると、仏教は女性に関するインドの考え方を受け継いでいる。もし女性が自分の母性を示せない場合は、欲望の奴隷となっている人もしくは魔物が姿を変えて現れているものだとみなされるのである[35]。

3.1. 母子愛

仏教における母子愛の位置付けも、ドゥッカあるいは苦とは人間の生の特徴の一つであるという、伝統的仏教の視点が反映されたものである。女性の阿羅漢たちによるパーリ語聖典『テーリーガーター』について、Susan Murcottは「これは母子愛について述べているが、我々が収集した説話や詩はすべて苦しみと

---

33 *Lotus Sutra,* Chapter thirteen, translated by The Buddhist Text Translation Society in USA.

34 Mackenzie, Vicki (1998), *Cave in the Snow,* Great Britain: Bloomsbury, p.5. ISBN 0-7475-4389-5.

35 Diana Y. Paul, Frances Wilson (1985), "Traditional Views of Women", in: *Women in Buddhism: Images of the Feminine in Mahāyāna Tradition.*

悲しみという共通のテーマがある。ここに出てくる女性たちは自らの子供を失った大きな苦しみと悲しみによって尼僧に加わることを決意している[36]」と述べている。

しかし、仏教の初期における母子愛も尊い行動であった。仏教を創始した釈迦牟尼の母である摩耶夫人は、特に釈迦牟尼を生んだ地である藍毘尼の地で長きに渡りその姿が引き継がれ続けている[37]。摩耶夫人は出産後わずか数日で亡くなってしまったので、世尊は叔母であり自身も2人の子がいた摩訶波闍波提に育てられた。この後、摩訶波闍波提は仏教最初の女性仏弟子になった。彼女の息子の難陀と娘の孫陀利も仏教寺院に弟子入りした。世尊の妻である耶輸陀羅は、彼女を母に持つ「枷、拘束」という意味の名の羅睺羅は、7歳で僧になり、彼の母である耶輸陀羅も比丘尼になった。

密教で比丘尼としてよりもヨーギニーとして修行する上で女性にとって嬉しいことは、夫や子がいる家庭生活の中で修行できることだ。ヨーギニーたちー比丘尼とは似つかないーは、必ずしも剃髪する必要はない。Machig Labdrön はこのような道を選んだ一人である。一定期間寺院で過ごしたが、そのあとは夫の Topabhadra と暮らすために寺院を出た。Machig が書き残しているところによると、彼女がヨガの実践中や説法を受けているときは、夫が子供の世話をしていた。Machig の子供の数人は彼女のような道を歩み、有名なヨーギニーとなった。Tsultriom Allione は Machig Labdrön の現し身であるとされているが、彼女もまた同じように4年ほど寺院にいたが、その後寺院を出て結婚して子供を産んだ。彼女は母子愛が自身のヨガの実践にどのような良い影響を与えているのか、以下のように述べている。

> *「(...)仏教では、母親のイメージは愛情というものに結び付けられて考えられることがとても多い。母親は子供のためならなんでもできる。一人の母親として、深い愛情を感じると同時に、この人のためなら命を犠牲にしてもいいという強い決意を感じているーこのような関係があるということは本当に強くなれる。私自身、子供を持っても自分がまだ成長していないと感じる。私に成長を求める事柄と子供を持って*

---

36 Murcott, Susan (1991), The first Buddhist Women: Translations and Commentary on the Therigatha, Parallax Press, p.74. ISBN -0938077-42-2.

37 ルンビニにあるマヤデヴィ寺院。

いるということが私にその成長を与えてくれる。だから私は、私の子供たちは私がなりたいものになるためのやる気の源ではなく、子供が生まれる前から既にあった精神を高揚させる力の源であると言いたい。さらに、母として様々な挑戦に立ち向かって学びを得たことは、私のヨガの実践をそれまで以上に豊かなものにしてくれた[38]」。

3.2. 恋愛、性欲と婚姻

一般的に、「仏教は、修行の身は独身でいることが最も理想的だと考え、同時に社会制度としての婚姻の重要性も認めている[39]」。そのため、仏教は結婚生活に関する教えを説いている。仏法の実践はかなり多様で宗派によって異なるが、婚姻は、戒という、精神の規律の根幹をあらゆる面から見たときの仏教の原理を背景にして、個別に言及される数少ない概念の一つである。仏教の基本的な戒律である5つの教えには性欲に関して間違った行動をとってはいけないとする教えが含まれている。仏教のある宗派における考え方によると、性欲に関する誤りとみなされるものはとても多様で、それぞれの地方の文化ごとに異なるにも関わらず、である。

仏教の初期の頃、『長部』の『教授尸伽羅越経』で、尊重ー人々が自分の配偶者に与えなければならないものと説いている。しかし､仏教の最初の頃の理想は、難陀とその妻孫陀利の話からもわかるように執着を手放すことであった。難陀と孫陀利は、恋愛や結婚よりも高く評価される涅槃に至るために争ったのだ。結婚したばかりにもかかわらず、世尊が助言を行なったことで、難陀は妻を捨てて仏教の比丘になった。パーリ語聖典に見られるこのような説話では、恋愛は一般的に、生と死の輪廻、時代を超えた循環に人を縛り付けているものの一つである[40]。Susan Murcott は、初期の仏教の恋愛や結婚に対する態度は、基本的に当時のインドのバラモン教の思想を反映していて、(...)執着を手放す理想が恋愛と結婚の地位の衰亡を引き起こす要因も含んでいると指摘している[41]。

---

38 *On Mothering: An Interview with Tsultrim Allione.* Retrieved 2008-11-28.

39 Damien Keown, Stephen Hodge, Paola Tinti (2003), *A Dictionary of Buddhism,* Oxford University Press US, p. 174. ISBN 978-0-19-860560-7.

40 *Great male Disciples* -- Part B / 15. Nanda by Radhika Abeysekera.

41 Murcott, Susan (1991), *The First Buddhist Women: Translationsand Commentary on the Therigatha,* Parallax Press, p.95. ISBN 0-938077-42-2.

密教において、配偶者と性的関係を持つことは、悟りを得る目的で行う密教の原則ー無常瑜伽タントラを実践する上での方法の一つに過ぎない。密教において配偶者との繋がりは聖人たちが禅定する際の男女両尊[42]のシンボルとして描かれる。

4. 仏教における女性の将来像

人類の未来は女性の創造力と再生力にあると言えるだろ。人類の未来というのは、文字通りに受け取れば将来の世代を生み出す女性の特別な力のことである。しかし、生み出す力だけが女性を将来への扉の鍵を握る人だと信じている理由というのではない。生物学的に想像できることに加え、女性は人類や女性仏教徒に無二の力を与える豊かな才能を持っていて、危機に陥っている我々の星を救う力を秘めている。

ここ数年、仏教における女性というテーマへの関心が強く高まっている。60年代から現在にかけて、偉大な仏教指導者、現代語による新たな仏教関係の出版物、インターネット、仏教関係の教育機関の増加、仏教教会による有益な社会活動によって、仏教への関心は世界に広がっている。特に、西洋諸国では、平和、慈悲や喜捨の心、人間の心理と徳に対する世尊の教えが意義深く多大な影響を与えている。仏教の思想と文化は、宗教、政治、芸術、商業などに注目に値するくらい西洋文化に入り込んでいる。仏教に関心を持つこの新しい流れは、女性の教育と職業選択の機会と共通したものがあり、女性の能力への認識が日毎に高まっている。しかし、残念なことに、女性はいつでも仏教の教えに触れられるわけではなく、仏教の制度では男性と同等に扱われる機会が整っていない、世尊は人類のために自由に道を選ぶことを説いたにもかかわらず、女性は未だに社会及び仏教を含む宗教制度の中でそれが得られていない。

この問題への答えは明確である。知恵の本質や、我々の知恵を覆い隠して朦朧とさせている無明の幻影から解き放たれて知恵を研ぎ澄ます方法に関する仏教の教えは、長い間曇りのない魂の幸せに我々が至るのを阻んでいた。知恵の

---

42 無常瑜伽タントラにおける涅槃を得るための最上の経験が智恵と方便の統一、結合である。この二つの要素は無常瑜伽タントラにおいて男女関係を象徴するものとされ、智恵は女性、方便は男性と考えられる。男女両尊は、俗世には類似したものや簡略化されたものがないものを象徴するのに用いられ、無常瑜伽タントラを誤って理解したものを象徴するのにも用いられる。

本質は男性と女性で共通している。幻影と無明から逃れ、不朽の幸福を見つけ出す人類の力も男性と女性で共通している。これは、世尊の男性と女性に対する解脱を目指した教えはどちらも等しいということである。それならば、人類全体が世尊の教えを実践できて、貪・瞋・癡から逃れられるなら、なぜ女性の魂の証果に関する説話がもっと多く残っていないのだろうか？

ここ数年、この問題に関する疑問がより深いレベルで報告されるようになり、仏教における女性の役割と潜在力について科学者や仏法の実践者によって緻密に研究されるようになってきた。仏教史や当時の仏教の伝統における女性の役割を議論した本が新たにたくさん出版されている。世尊の教えの実践とその豊かな経験が、多くの女性著者によって書かれて本になっている。現在最も著名な仏教作家であるアメリカ人尼僧の Pema Chödrön は、Newsweek から「オプラ・ウィンフリー・ショー」のようなトーク番組まで様々な番組で取り上げられた。彼女の著作は、異なる宗教の人から無心論者まで数多くの人たちに広く影響を与えた。その他の書籍は、仏教団体において新しい役割を担っている女性や、特に西洋において仏教に関する素晴らしい教えによって多大な尊敬を集めている女性について研究している。

現在の時代は女性が自らの可能性をあらわにして仏教における新しい役割を担っていくときである。人類が将来も生き残っていきたいのなら、どうして女性の精神が秘める力を軽んじたり外見だけで抑圧したりして、貴重な人口の半分の力を無駄にすることができようか？　どの仏教の聖典にも、男性であって初めて修行したり説法したりできると説いている箇所はない。世尊が女性は因果応報の悪い結果であると述べたという資料は存在しないが、社会制度が仏教の影響を受けたにもかかわらず、そのような根拠のない話が残っているのである …。実際には、波斯匿王が女児の誕生に不満を漏らした時に、世尊が女の子は男の子よりも従順で優しい子に育つことができると述べたのだ。世尊の育ての母が僧団に加わりたいと願い出た時、世尊自身が女性も同様に証果を得て悟りをも開く力を秘めていると認めた。そのため、女性が世尊の教えを実践して、性別を超えて、人類が必要としている精気みなぎる手本になることを邪魔するものはない。大乗仏教の教えでは、知覚を持つ生命はすべてこの素晴らしい力を持つ。女性も男性も皆自分の内に悟りの種を抱えており、芽を出すのを待っているのである。人間の生活は計り知れないほど貴重で、皆が同じ船に乗り合わせている。一瞬一瞬を大切にして一致団結することで、人類の未来はとても明るいものになるだろう。女性には世界を変える力があるに違いない。

ここで、世界中で崇拝されている尊者のダライ・ラマの話に触れたい。氏は仏教だけでなく社会全体で女性が担う新しい役割を支援している。2007年、ハンブルグ大学で行われた「仏教における女性」をテーマにしたシンポジウムで講演を行った際、氏は以下のように述べた。

> *戦争が男性によって行われるのは、好戦的な態度を示すのに良い体を持っているように見えるからです。しかし、女性は他人の世話を見ることにより関心を持ち、他人の痛みや辛さにより敏感に反応する傾向があります。男性も女性も好戦的になる力を持っているし、慈悲深くなる力を持っていますが、通常表に出している態度が違うのです。そのため、世界の指導者の多くが女性であればより戦争の危険が少なくなり、世界の関心がある分野での基礎的な協力関係がより多く生まれるでしょう…*[43]

2007年、ダライ・ラマは「ある女性が自身のことをより貢献できる人だと示せるなら、その人はダライ・ラマの現し身である可能性が大いにある」と述べて、次代のダライ・ラマが女性である可能性を示した[44]。

2015年、氏はBBCの難民に関するインタビューでこの話をまた繰り返した。ダライ・ラマが女性として転生することはあり得るのかという質問に対して、氏は「あり得る」と答えた。

> *私はすでにその問題に言及したことがあります、どうしてあり得ないという結論に至りましょうか？　女性は生物学的に感情や慈愛の心を示す力をより多く持っています…そのため、女性はより重要な役割を担うべきであると私は考えるのです…*[45]

43　*A Summary Report of the 2007 International Congress on the Women's Role in the Sangha: BhikshuNi Vinaya and Ordination Lineages* – Part Four: "Day Three and Final Comments by his Holiness", www.berzinarchives.com, retrieved 2011-11-05.

44　Spencer, Richard (2007), *Dalai Lama says successor could be a woman,* London: Telegraph.co.uk, retrieved 19/11/2010.

45　"Dalai Lama Says More Women as Leaders Might Lead to Less iolent World", *World Religion News,* 16 July 2015, retrieved 24 September 2015.

5. 著名な比丘尼たち

・ブッダミトラは1世紀ごろインドで活躍した比丘尼だ。彼女はガンジス川流域の3つの都市に世尊の碑を建立したことで知られる。

・證嚴は台湾の比丘尼で、師であり慈善家でもある。彼女は 仏教慈済慈善事業基金会－ Buddhist Compassion Relief Tzu Chi Foundation、通称：慈済を創設した。

・Jetsunma Tenzin Palmoはチベット仏教の比丘尼で、作家であり、師でもある。インドのヒマーチャル・プラデーシュ州に Dongyu Gatsal Ling 尼僧院を創設した。彼女は12年間ヒマラヤ山脈の人里離れた洞窟で暮らし、そのうち3年間は禅定のために完全に世間から離れて暮らした。

・Pema Chödrön はチベット仏教の比丘尼で、作家であり、師でもある。彼女はヨーロッパ、オーストラリア、アメリカの各地で座禅や禅定の集会を精力的に開いた。現在、カナダのノバスコシア州ケープ・ブレトンにある Gampo 尼僧院で教鞭を取りながら暮らしている。

・Thubten Chodron はチベット仏教式に修行を積んだアメリカ人比丘尼であり、チベット仏教の比丘尼の称号 Gelongma を得たということでも有名である。彼女はダライ・ラマ14世、Tsenzhap Serkong Rinpoche、Thubten Zopa Rinpoche、その他多くのチベット仏教僧の弟子である。

・ANi Choying Drolma はネパールの比丘尼で、ネパールにある Nagi Gompa 尼僧院の音楽家としても有名である。多くの観客を魅了する詩吟やチベット仏教の儀礼歌で、彼女はネパールや世界中で有名になっている。近年、ネパールの UNICEF 親善大使に任命された。

参考文献

1. Rao, VInay Kumar (2012), *Women in Buddhist Art*, New Delhi: Agam Kala Parakashan. ISBN 9788173201264.

2. Law, Bimala Churn (1927), *Women in Buddhist Literature*, Ceylon: Bastian & Co.

3. Diana Y Paul; Frances Wilson (1985), *Women in Buddhism: Images of the Feminine in Mahāyāna Tradition,* Oakland, California: University of California Press. ISBN 9780520054288.

4. Bartholomeusz, Tessa J. (1994), *Women under the Bō tree: Buddhist nuns in Sri Lanka* (1. publ., reprinted ed.), Cambridge: Cambridge University Press. ISBN 9780521461290.

5. Karma Lekshe Tsomo (2014), *Eminent Buddhist Women*, Albany, New York: State University of New York Press. ISBN 9781438451305.

6. Ellison Banks Findly (2000), *Women's Buddhism, Buddhism's Women: Tradition, Revision, Renewal*, Boston: Wisdom Publications, ISBN 9780861711659.

7. Karma Lekshe Tsomo (1999), *Buddhist Women across Cultures*, Albany, New York: State University of New York Press. ISBN 9780791441381.

8. Paula Kane Robinson Arai (1999), *Women Living Zen: Japanese Soto Buddhist Nuns*, Oxford: Oxford University Press. ISBN 9780195344158.

9. Campbell, June (2003), *Gender, Identity, and Tibetan Buddhism*, Delhi: Motilal Banarsidass.　ISBN 9788120817821.

李・陳朝期における女性仏教徒

ティック・ヌー・ニュー・グエット(フエ・ラム)[1]

はじめに

今まで、ベトナム女性仏教徒や李・陳朝期の女性仏教徒は、あまり関心を持たれず、研究されてこなかった。ベトナム仏教史は基本的に男性の歴史であると言える。女性の貢献と社会における様々な役割は、仏教の発展において軽んじられ、薄れてしまっている。実際には、歴史上経済的および政治的な社会の変化の際には、女性仏教徒はとても重要で卓越した特別な役割を担っている。本稿の目的は、女性仏教徒研究にあいた空白を埋め、李・陳朝期の女性仏教徒に関する理解、認識を深めることである。

李・陳朝期は、ベトナム仏教の隆盛期と言える。この時代は、仏教は唯一の地位を与えられ、仏教色の濃いベトナムの民族文化の基礎を築くのに重要な役割を果たした。そのため、文化の基礎を築く唯一の礎石でないとしても、李・陳朝期の仏教は文化の基礎を築く最も大きな礎石である。仏教の影響は物質的、精神的にあらゆる面に深く入り込んだ。今日、仏教の精神は民族の精神に深く結びついており、仏教文化は民族文化の基本的な要素になった。仏教が色濃く反映された民族文化の発展への貢献は、僧侶たちのものだけではなく、妙因尼師や倚蘭元妃、玄珍公主など、多くの女性仏教徒の貢献もあった。本稿は李・陳朝期のベトナム女性仏教徒の貢献と発展について考察する。

1. 李・陳朝期のベトナム仏教のあらまし

仏教はベトナムにおいて長い歴史を持ち、仏教の普及度合いと仏教徒の数は時代によって変化してきた。特に李朝期には、仏教は国教とみなされ民衆の間に広く普及した。優れた僧侶たちは朝廷で働き、政治面だけではなく社会面でも大きな影響を与えた。[2] この間、民間信仰の神々や民族文化に根付いていた英雄たちは、仏教的概念に沿った神々に変化していった。しかし、そのような

1　ホーチミン市ベトナム仏教学院尼僧、博士

2　李朝期（1010 − 1225）は、仏教僧侶が王の顧問として朝廷で働いていた。*Thiền thời trung đại Việt Nam［中世ベトナムの禅］* pp.113, 115, 116, 117, 127, 131, 134, 149, 153, 183, 185, 186, 188, 190, 194, 200にある、多寶、禪老、圓照、通辯、滿覺、道惠、淨戒、愿學、惠生、禪巖、明空、慶喜、戒空、真空、圓通の略史参照。

神々でも世尊の聖法を守る者として認識されている。このような傾向は、仏教という傘の下に様々な信仰を統一し、祖国の統一を助ける働きがある。李朝期の歴代の王は仏教の支援を受け続け[3]、王も様々な面で仏教を保護してそれに答えた。先の戦いで破壊された仏教寺院は全て修繕され、多くの寺院が新たに建てられた[4]。1018年と1034年の2回、漢文で書かれた経文と主要な寺院で作られて保管されているその写本を持ち帰ってくるために、僧侶たちが中国に送られた[5]。同じように、朝廷内で重要な位置を占める家系も仏教を強く支持するようになった。貴族出身の僧や尼僧が多いのはこういう理由からである。李朝の歴代の王たちは、人生の一部を寺院で過ごした王が多く、大きな禅派を開いた者も3人いる[6]。李朝の思想的立場は当時の詩歌に表れており、その詩の響きと内容に今も仏教的な痕跡を色濃く残している。禅の影響を強く感じられ、経典や面白い文学作品よりも内側まで染み入り、気づきを与えてくれる。この時代に至って初めて、ベトナムの尼僧の姿が正史に刻まれたのである。

李朝は陳朝(1225 ― 1400)と結びつけられて考えられる。陳朝期でも仏教は大きく発展し続け、陳朝の王たちは仏教を支援した。しかし、陳朝初期の王たちは外交と国防特に北方からの脅威の掃討に力を割いていた。1258年、1285年、1288年の3度、大越は当時最強と言われた蒙古軍の手に落ちる寸前までいっ

3 李朝（1010 ― 1215）を立てた李公蘊のちの李太祖は幼少期から寺院で育てられた（*Đại Việt sử kí toàn thư*［*大越史記全書*］p.80参照)。さらに彼の王位即位には彼の師父である萬行の援助があったからで、この人物はこの時代における禅師の中で最も重要な人物であると言える(Đại Việt sử kí toàn thư［大越史記全書］pp.78-79参照)。さらに、萬行や他の多くの仏教僧から、李朝の歴代の王は国家の政について助言をもらっていた。

4 1010年に李太宗は大越の新たな首都昇龍に8つの寺院を建て、各村で損壊した寺院を修繕する勅令を出した(*Đại Việt sử kí toàn thư*［*大越史記全書*］pp.82, 84, 86, 92, 102, 105, 113, 116, 119, 120参照)。代表的な寺院が延祐寺である。この寺の一部が現在の首都ハノイに残っており、一柱寺として知られている。現在、寺院はベトナム文化の象徴の一つになっている。

5 李太祖（在位1010 ― 1028）の命によるこの事業の代表である阮道清と笵鶴は、2年後の1020年に帰国した（Đại Việt sử kí toàn thư［大越史記全書］pp.85)。1034年、宋王朝は中国からベトナムへ仏教経典の写本を送った（*Đại Việt sử kí toàn thư*［*大越史記全書*］p.93)。この目的のために代表が送られたのはこれが2回目及び3回目である。第1回は1007年に黎龍鋌（在位1006 ― 1009）の命による（*Đại Việt sử kí toàn thư*［*大越史記全書*］p.76)。

6 ベトナム国内3番目の禅派である草堂の禅派では、李聖宗（1023 ― 1072)、李英宗（1136 ― 1175)、李高宗（1173 ― 1210）が禅派の伝承者として知られている。*Thiền thời Trung đại Việt Nam*［*中世ベトナムの禅*］pp.204-205参照。

たが、陳興道の指導で敵の侵略を阻止して祖国が救われた。[7]

研究と禅行は陳朝下で日毎に確かなものになっていった。僧侶たちは継続的に中国へ渡り、臨済派や草堂派がベトナムに入ってきた。そして彼らは陳朝の貴族の中にもともとある重要な要素を見出していった。

陳朝初期の王の中には、陳太宗(1218 − 277)のように仏教に関心があり、禅と浄土の考えが融合した宗教の形を発展させた者もいた。彼は儒教、仏教、道教を融合させることにも尽力した。特に仏教徒と儒教に関心を寄せていた。[8]陳朝の王たちにとって、儒教は慣習を処理するのにより効力があり適していたのだ。一方仏教は形而上学の仕組みを提供し、人間としての人生の最終目的を提供してくれる。晩年は、ほとんどの陳朝の王が王位を継承者に引き継いでおり、「最上位の王」になっていた。彼らは儒教の教えるところの国を統治する責任を全うした後は、皇族から離れ、安子山に行き、隠遁生活を送り、仏教の教えを徹底的に実践して民の精神の師となった。1299 年、この傾向は３代目の王陳仁宗(1258 − 1309)の時に最も強くなった。彼は修行僧になり、竹林派を創始した。これはベトナム仏教史上初の民族の印を持った内生した禅派である。[9]この新しい禅派の目的は、ベトナム仏教の様々な動きを一つの禅派に統一し直すことである。[10]

陳朝では、女性仏教徒の集団が発展していたものの、正式には記録が残っていない。どうしてこうなってしまったかは理解できる。中国の明王朝の統治が始まった時に、仏教の歴史文書は文学と同等に扱われるようになった。そのほかの現存する歴史文書は後期李朝かそのあとに朝廷の役人もしくは儒家によって書かれている。このような理由から、女性は皇族出身者のみ記録が残るのである。この問題については後ほど触れたい。しかしながら、ベトナムの比丘尼の姿は皇族の歴史文書や正史ではない歴史書に登場し続けるのである。

2. 李・陳朝期の女性仏教徒を代表する人たち

・倚蘭元妃

7　蒙古軍は 3 度昇龍（現在のハノイ）を攻めたが、3 度とも大越併合を諦めねばならなかった。

8　*Phật giáo; Lịch sử［仏教：歴史］* p.130

9　*Phật giáo thời trung đại Việt Nam［ベトナム中世の仏教］* p.20

10　*Encyclopedia of Monasticism*, 第 2 巻 p.1327

李朝期の仏教の発展に貢献した人物ではじめに触れなければならないのは倚蘭元妃である。『大越史記全書』には、以下のように書かれている。李聖宗は40歳になっても跡継ぎがいなかった。彼は寺院に赴き、子宝を願った。道中、人々が競うようにして王の馬車に向かっていくなか、王は、蘭が生い茂るなか桑の葉を積んでいて王には目もくれない女性を見つけた。その女性の美しさに見惚れた王は、王宮に連れ帰り倚蘭元妃とした[11](倚蘭とは、蘭に寄りかかるという意味である)。

倚蘭、本名は黎氏嬿蘭といい、李仁宗(在位1072 − 1127)の母親である。彼女は庶民出身で、信心深い仏教徒であり、才能溢れる指導者でもある。乾徳皇子(のちの李仁宗)を産んだ後、彼女は元妃の位を賜った[12]。1069年、李聖宗自ら南部の国境で混乱を引き起こしている占城に赴いたが、失敗に終わった。帰る道中彼は、倚蘭元妃が王の不在時に国をうまく統率し、民から賞賛を得ているという噂話を耳にした。彼女は国家を統治することができる指導者であり、信心深い信者でもあり、そのおかげで民衆から菩薩観音の化身と考えられた。王は恥ずかしく感じたので、軍を南に引き返させた。今度は、王は勝利を収め、占城の王制矩と5万の民を捕らえた[13]。その次の年(1070)、制矩は罪を償うために地里、麻令、布政の3州(現在のクアンビン省のあたり)を譲渡した。大越の山河が南進し始めたのである。李聖宗が大病を患い1072年にこの世を去る時、李乾徳皇太子が7歳で即位した(歴史書では李仁宗と呼ばれる[14])。倚蘭元妃は靈仁皇太后に封ぜられた。彼女は摂政として若き李仁宗の国政を手伝った[15]。李仁宗の時代、特に彼がまだ若い時は、大越は1075年に国に使える才能ある者を選ぶ三場の試験を行ったり、1076年に国子監を設立して国家による教育の基礎を築いたりするなど、無二の功績を挙げた[16]。国を安定させ、発展させた功績の他に、正史の記述によると倚蘭は2つの特筆すべきことを成し遂げた。それは「家の都合で売られた貧しい人々を買い戻した」(1103年)ことと、

---

11 *Đại Việt sử kí toàn thư*［大越史記全書］p.106

12 上掲書 p.107

13 上掲書 p.107

14 上掲書 pp.108, 109

15 上掲書 p.109

16 上掲書 pp.110, 111。大越が初めて中国に攻め入った。この時から中国皇帝は大越を弱小国とはみなさなくなった。

「水牛を盗んだりむやみに殺したりするのを禁じたこと」(1117年)である。一つ目の施策を呉士連は以下のように評価している。「太后は彼らの人生を変えた。これは間違いないことである」。[17]二つ目の施策に関して、「水牛は家産である」ため、民は彼女に感謝してますます敬うようになった。さらに、李仁宗の思いやりのある性格は彼女の教育の影響を多少なりとも受けたからであるということも否定できない。『禪苑集英』に残されている彼女の詩偈から、彼女が仏教に深く精通していただけでなく、学識も深い人だったことがわかる。グエン・カック・トゥアンによると、「彼女と高僧たちのやり取りから、のちに高い価値を持つ『禪苑集英』が誕生することになった」[18]。

王家の宮殿で暮らし、朝廷の仕事で忙殺されながらも、彼女の心は貧しい人々、特に女性に向いていた。彼女が皇太后摂政を下りた後に関する正史はわからない。しかし、『大越史記全書』はその後の彼女の人生に関する情報をいくつか与えてくれる。『大越史記全書』によると、1085年、民が平和で豊かに暮らしている時、彼女は仏教寺院を立てるために国中を回っていた[19]。1097年、皇太后は摂政として多くの寺院を建設させた[20]。彼女は存命中に100以上の寺院を建設させた[21]。彼女はよく高僧を朝廷に招き、説法をお願いし、仏教の問題について議論した。圓照(999 － 1090)、滿覺(1052 － 1096)、通辯(？－1114)など、多くの禅師が魂の問題について進言した。彼女も自分なりにベトナム仏教の起源を探り、その答えが有名になり史料に残されることになった[22]。ベトナム史上、倚蘭元妃は無二の存在である。仏教思想の影響を受けて、彼女は自身の指導者としての才能を示した。民は彼女を女性の観音様として讃えた。このことは、彼女の性格と品行、才能を十分に証明してくれるだろう。

・李玉嬌(妙因)

17　*Đại Việt sử kí toàn thư* (bản dịch, tập 1), tr. 301（大越史記全書（翻訳版、第1巻)、p.301）

18　*Việt sử giai thoại*, tập 2, tr. 34 (『越史佳話』、第2巻、p.34)。*Thiền uyển tập anh* (『禪苑集英』) 中の "Quốc sư Thông Biện"（「通辯国師」）も参照。

19　上掲書 p.112

20　上掲書 p.114

21　上掲書 p.116

22　*Zen in Medieval Vietnam*, pp.128 － 129 参照。

倚蘭元妃の他に『禪苑集英』[23]に登場する女性がいる。彼女はベトナム女性仏教徒だけでなくベトナム仏教史全体で見ても優れていた比丘尼である。彼女は妙因比丘尼という。妙因比丘尼（1041 － 1113）は俗名を李玉嬌という。彼女は奉乾王の長女で李太宗の内孫である。伯父である李朝第 3 代の王、李聖宗（在位 1054 － 1072）の希望により宮中で育てられた。大きくなると、彼女はその絶世の美貌と頭の良さで位を下賜され、黎大行王（在位 980 － 1005）の子孫である黎姓の真登州の州牧の元へ嫁いだ。夫の死後、彼女は一人で生きることを決意した。ある時彼女は、この世の理を全て見てきたがどれも幻想を見ているようだ、ましてや栄華など頼りにできないと、慨嘆した。彼女は家庭を持ちたくないと考え、残りの人生を仏法に頼って生きていこうとした。

彼女は仏教の思想にどっぷりと浸かる生活を送った。そして俗世の生活とは一時的なものと気づき、装飾品を全て手放して剃髪し、修行の道を生きるために家族の元を離れた。彼女は扶董の真空禅師（1046 － 1100）に教えを請うた。真空は毘尼多流支派の 16 代目の禅師である[24]。彼女は妙因という法名を賜った。彼女は静かに戒律を守って禅定を行い、早くも智恵の本質にたどり着いた。その時、彼女は尼僧の中でも徳の高い人として崇拝されていた。そして、真空禅師は彼女に仙游県扶董郷の香海尼僧院を主管する任務を与えた[25]。

それから、彼女は多くの信者たちに大乗の教えを説いて導いた。ある時、彼女は次のように尋ねられた。「衆生が病むので、我々も病みます。なぜ音や外見もあなたは避けるのですか？」。彼女は次のように答えた。「もし私のことを外見や声で判断する人がいれば、その人は間違った道を行っていて、如来を見つけることはできません」。弟子は続けた。「静かに座っているのはどうですか？」。妙因は言った。「昔はもともと歩いていなかったのです」。弟子は続けた。「無言はどうですか？」。妙因は言った。「基本の教えはもともと言葉などありません」。

---

23 『禪苑集英』は、毘尼多流支派、無言通派、草堂派というベトナムにおける禅派の初期に活躍した禅師たちの歩みを記録しており、1337 年に完成した。本書は現存する最も古いベトナム仏教の歴史書である。

24 *Thiền thời Trung đại Việt Nam*［*中世ベトナムの禅*］p.198 の彼の略歴を参照。

25 現在、首都ハノイから約 30km のハーバック省にある。（訳者注：ハーバック省は 1996 年にバクザン省とバクニン省に吸収されている。）

1113年のある天気が良い日、妙因尼師は自分の体の様子がいつもとは違うことに気づいた。そして、剃髪して身を清め、結跏趺坐して72歳で逝った。弟子と信者たちに最期の教えとして詩偈を残した。[26]

上に示した説話からは、妙因尼師がベトナムで最初の女性修行者とすることは史実に合わないことがわかる。香海尼僧院は以前から存在し、彼女が比丘尼の中で優れていたので、尼僧院の尼僧長[27]としてそこを主管するようになった。[28]妙因尼師の時代に尼僧集団が作られ、尼僧の数が増えたというのが通説である。妙因尼師の場合からわかるように、尼僧は僧侶の管理下に置かれ、僧侶の集団とともに発展した。

さらに、妙因尼師と弟子のやり取りで言及された注目すべき史料が2つある。とても特徴的なその哲学は、維摩詰経と金剛般若経の中に見ることができる。維摩詰経では、世尊が弟子を病床に伏せる維摩の見舞いに行かせたようとした。しかし彼らは弁が立ち知識も広い維摩に負けたことがあるので、維摩と衝突するのを恐れて誰一人として行こうとしない。ついに、維摩にあったことがなく、僧団の中で博学を象徴する菩薩とされていた文殊師利が自ら志願して行った。僧たちは文殊師利について行って維摩と相見えるところを見るのを心待ちにした。「全ての衆生は病気になるから私は病気になった」は文殊師利が維摩にお見舞いの言葉を伝えた時の、維摩の返答である。二つ目に、金剛般若経の有名な2つの詩偈については誰でも知っているだろう。妙因尼師はそのうちのひとつを使って弟子に答えたのである。「もし私のことを外見や声で判断する人がいれば、その人は間違った道を行っているので、如来を見つけることはできません[29]」。

これらを根拠に、当時大乗思想の文書はベトナムでも知られており僧院だけではなく尼僧院でも研究されていたと言える。そのため、妙因尼師が優れた僧侶たちと肩を並べて、毘尼多流支派の祖師の一人とみなされていても驚くこと

26　この詩偈に関しては、*Thiền thời trung đại Việt Nam*［中世ベトナムの禅］p.198参照。

27　漢文原文67a-4。*Thiền thời trung đại Việt Nam*［中世ベトナムの禅］p.255以降の*Thiền uyển tập anh*［禪苑集英］の漢文原文参照。

28　漢文原文67a–5。

29　漢文原文67a–8。これは金剛般若経からの引用で、中国語にも何度も訳されている。ここでの解釈から考えると、妙因尼師は401年に長安へ赴いた鳩摩羅什の訳を用いている。第8巻、経典番号0235、p. 752a-11参照。

はない。このことは仏教史において他の国々ではほとんど見られないことである。これは大乗の教えを信仰し、女性を重んじるというベトナムの伝統が融合した結果であると固く信じられている[30]。

維摩詰経で、舎利弗が教団の中でも一際目を引く男性としての体を、天女に菩薩の神通力で女性に変えられてしまった話は知っているだろう。舎利弗は元に戻ろうとしてもできなかった。この説話から仏法では男性も女性もないという世尊の教えが導ける。

ここまで、当時の仏教が置かれていた地位、伝統的ベトナム仏教の基礎になった約千年間の仏教の変化について指摘してきた。この点は、時代が下るとより明確に現れ、陳朝期に最も顕著になった。ここで特筆すべきことは、妙因尼師が毘尼多流支派第 17 代目として正式に認められていることだ。これは世界の仏教の歴史を見ても唯一の出来事である。比丘尼が比丘と肩を並べて先頭に立って指導している国はない[31]。これは誇るべきことであり、彼女の名が歴史に刻まれる価値があることを示している。

女性を敬うなどの民族の伝統を守り独立性を保っていく過程で、妙因尼師の存在はますます目立つものになった。この精神は儒教が朝廷を支配する前まで続いていた。さらに、妙因尼師の存在は、女性が勉学に励む伝統を残し、現在まで続いている。そして今でも女性は定年を迎えると、寺院生活を求める傾向がある。

・*玄珍公主*

13 世紀の終わりごろ、陳朝は強大な蒙古軍に対して勝利を収めた。特筆すべきことは、特に 1285 年の蒙古との戦いで、隣国の占城
が大越と同盟を組んだ点である[32]。その時、大越と占城の関係は良好であった。1301 年、占城は大越に対して貢納品を贈った。

30　“Sự ra đời của Việt Nam［ベトナムの誕生］” pp.76-77。“Đông Á: Lịch sủ Trung Quốc và Nhật Bản, Truyền thống và sự Biến đổi［東アジア：中国と日本の歴史、伝統と変化］p.263 も参照。

31　*101 Questions and Answers on Buddism*, p.129 参照。

32　*Việt sử đại cương［越史大綱］*, p.234 参照。占城が蒙古と戦った時、陳朝の王たちは軍や戦艦を派遣した。“Cuộc Kháng chiến chống xâm lược Nguyên Mông thế kỉ thứ 13［13 世紀の蒙古侵略への抗戦］” pp.121-130 参照。

使いが国へ戻ってくると、陳仁宗上皇[33]は彼らについていき、礼儀を尽くすために占城を旅行で訪れた。[34] 彼はジャヤ・シンハヴァルマン4世[35](在位1287 − 1307)と対面して、上皇の娘である美しい玄珍公主を嫁がせることを約束した。[36] 提案はしたものの、陳朝は1305年にジャヤ・シンハヴァルマン4世が使節と婚礼のための進物品を送ってくるまで準備を渋っていた。しかし、国益を最優先するように熟慮した結果、朝廷はこの婚礼を断った。[37] そのため、ジャヤ・シンハヴァルマン4世は陳英宗が拒否できないようにオー州とリー州も差し出した。[38] 1306年春先、公主は占城に嫁いだ。[39] 彼女はパラメクヴァリ皇后の称号を下賜された。しかし不幸にもその1年後、ジャヤ・シンハヴァルマン4世はこの世を去り、彼女は占城が影響を受けていたインドの伝統的習慣に基づいて、夫の後について炎に巻かれなければならなかった。この知らせを聞いて、陳英

33　陳朝から、王の息子が成長したらすぐに王位に就き、父親は北の宮殿に下がり、「上皇または太上皇」と呼ばれて国の統治を手伝うことになったが、実質的な権力は父親（上皇）が握っていた。実際には、父親が突然なくなった後に起こりうる予想外の事態を慎重に避けるための名目上の譲位にすぎなかった。父によってほとんどの問題に関する決定が行われたし、王位は皇子が継承するほうが何よりも良い。この伝統は後黎朝（1428 − 1788）まで続いた。

34　この時、陳仁宗は1293年に息子の陳英宗に譲位して、安子山で修行生活を送っていた。

35　即位前のジャヤ・シンハヴァルマン4世はハリジット皇子と言い、ジャヤ・シンハヴァルマン3世（在位1257 − 1287）の長男である。彼は占城軍を率いて国を守り、蒙古の武将唆都と彼が率いる軍を追い返した。“Champa: Lịch sử và Văn hoá của một vương quốc thuộc địa Ấn Độ ở Viễn Đông thế kỉ II – XVI SCN［チャンパ：2 − 16世紀の極東におけるインドに支配された王国］” pp.116-122参照。

36　“Các nhà nước bị Ấn Độ hoá của Đông Nam Á［東南アジアにおけるインド化した国々］” p.217; “Champa: Lịch sử và Văn hoá của một vương quốc thuộc địa Ấn Độ ở Viễn Đông thế kỉ II –XVI SCN［チャンパ：2 − 16世紀の極東におけるインドに支配された王国］” p.122

37　*Việt Nam, Hồ Quý ly và triều Minh (1371-1421)［ベトナム・胡季犛と明朝 (1371-1421)］* p.4。李朝期は、王たちは団結制作のために自分の娘を首都昇龍の北方にある部落の首領たちの元へ嫁がせるのが一般的だった。この政策の結果、領主たちと北方の部落は中華勢力の拡大に対抗するための壁として良い役割を果たした。陳朝期でも、陳太宗は自らの娘である玩蟾公主を阮嫩の元へ嫁がせた。阮嫩は朝廷に大きな被害を与え鎮圧することができなかった蜂起の首謀者である（*Đại Việt sử kí tonaf thư［大越史記全書］* p.162参照)。当時、民衆は避難することはなかった。歴史的にこの種族差別は朝廷が仏教に取って代わろうとしていた儒教の影響を受けていたことによる。*Việt sử xứ Đàng Trong［塘中地域の越史］* p.99参照。

38　1307年、陳英宗はオー州を順州と改名した。順州は現在のクアンチ省南部、トゥアティエン省北部に位置する。化州（リー州）はトゥアティエン省の残りの部分とクアンナム省に位置する。この地域の面積はおよそ10.000km^{2}である。

39　彼女が払った賞賛に値する犠牲は、伝統的な詩歌で現代にも伝えられている。

宗は自分の姉を大越に連れ戻すために、陳克終に軍を率いさせ奇襲攻撃をかけた。玄珍公主は彼の船で国に戻った。[40]

この世の冷徹さに嫌気がさした彼女は、王宮を去り修行の道に進んだ。彼女は受戒して尼僧として仏法を実践する生活を送った。大南一統志によると、彼女は南定省義興府天本県虎山社嫩山寺の尼僧長になった。[41] 正史の中には、妙因の生き方にならった、ここで言及すべき陳朝王族女性が3人いる。

・*淨光尼師*

1341年、陳英宗は息子の陳明宗(在位1314－1329)に譲位して、上皇になった。その4年後、1318年、彼は僧として人生を歩みたかったので、妃や妾、女中たちに菜食するように要求した。彼女らは嫌々受け入れたが、阮氏妙だけは違った。王宮の妾の一人であった彼女は自分の指を1本切り落として彼の元に行き、自分が彼について行くと決めた決意の固さを示した。彼は驚き、彼女に40ヘクタールの土地を与えた。しかし、彼はその年に亡くなり、修行の道を生きるという夢は叶わなかった。阮氏妙は、嘆き悲しみ、王宮を離れ、受戒して残りの人生を修行して生きた。彼女の法名は淨光である。[42]

・*靜惠尼師*

范氏は、蒙古の侵略の際の英雄の一人として有名な将軍である、范五老の娘である。彼女は陳英宗の側室である。長年、彼女は王子も公主も産むことができなかった。彼女は1309年に尼として生きる許しを願い出た。王は彼女の願いを受け入れた。彼女の法名は靜惠である。[43]

『大越史記全書』には、陳英宗の死後、彼女が故郷に戻ってきたと書かれている。1355年のある日、彼女は父である范五老が建てた、扶擁社の寶山寺に来た。寺が破壊されているのを見て、彼女はひどく心を痛めて修復した。彼女は自社を拡張して、大広間の横に歴代の王を祀る祭壇を作るためにもう1つ広間を作った。彼女の夫である陳英宗上皇がこの寺を訪れ、彼女の先祖を思う気持

40 *Lịch sử Việt Nam: Từ Hồng Bàng Đến Tự Đức［ベトナムの歴史：鴻龐から嗣徳まで］* p.85

41 *Đại Nam Nhất Thống Chí［大南一統志］* 第3巻, p.358

42 *Đại Việt sử kí toàn thư［大越史記全書］* p.229

43 *Đại Việt sử kí toàn thư［大越史記全書］* p.221

ちを賞賛して金の皿を贈った。[44]

・*嘉慈皇后にまつわる話*

彼女は胡季犛の姪に当たり、陳睿宗(在位 1373 ― 1377)と結婚した。顯貞元妃とも呼ばれる。睿宗が王位に就いた時、彼女は嘉慈皇后の位を賜った。[45] 1377 年、陳睿宗が占城征伐を指揮したが、不幸なことにこの戦役で彼は亡くなった。この悲しい知らせを聞いて、嘉慈皇后は尼として生きるために剃髪した。受戒した後、彼女は苦行の修行者として生き、仏の教えを忠実に実践することに懸命になり、早く禅定の成果を得ることができた。1381 年、彼女は天慶寺で座禅を組んだ姿勢で亡くなった。[46]

1377 年、彼女の息子である建徳皇子が陳藝宗上皇によって王として選ばれた。[47] 彼女はこれがどのような運命を辿るのかわかっていたので、再三王位を断るように要求したが、王は聞き入れなかった。彼女は親戚に対して申し訳なく思い泣いた。そして、1388 年に彼は殺された。当時この事件のことを知っていた人々は誰でも彼女の先見の明に驚かされた。[48]『南翁夢錄』の著者によると、彼女は陳朝の他の女性たちよりも優れている。[49]

・*慧通尼師*

慧通尼師[50]は清涼社で勢力を誇っていた家系の娘である。彼女の先祖は長きに渡り大越の官吏をしていた。12 歳の時、彼女は官吏をして裕福な家庭を捨て、

44　*Đại Việt sử kí toàn thư*［*大越史記全書*］p.252, *Đại Nam nhất thống chí,*［*大南一統志*］第 2 巻 p.430

45　*Đại Việt sử kí toàn thư*［*大越史記全書*］p.267, *Khâm định Việt sử thông giám cương mục*［*欽定越史通鑑綱目*］p.296

46　Đại Việt sử kí toàn thư［大越史記全書］p.275

47　建徳は陳睿宗の長男である。彼の治世は 1377 年から 1388 年である。その後、彼は靈德王として位を下げられ、陳藝宗が出した 2 つの命によって殺された。ベトナム史では、彼は陳廢帝（降位させられた王）として知られる。

48　*Khâm định Việt sử thông giám cương mục*［*欽定越史通鑑綱目*］p.302

49　*Nam Ông Mộng Lục*［*南翁夢錄*］p.66

50　慧通尼師について言及している史料『安南志原』と『南翁夢錄』は正史ではない。2 つの史料とも、それぞれ違う時期の彼女に言及している。彼女の本名に触れた史料はないが、『南翁夢錄』から藩姓であることがわかる。

女性修行者になった。彼女はトゥー・クアン[51]という法名を賜った。受戒を終えた後、彼女はひっそりと持戒し、厳しく苦しい修行の生活を送り、早く悟りを得た。そして、至靈県の清涼山に小屋を建てて、仏の教理を実践したいと志願する弟子たちに仏の道を教え導いた。

彼女は美しかったが、厳しく礼儀正しく、しとやかな人だった。そのため、皆彼女のことを阿羅漢と呼んだ。[52] この時、僧も尼僧もそして民衆も彼女のことを慕っていた。彼らは彼女が国内の尼僧を指導し、僧と平等になるのを支援した。陳藝宗(在位 1370 － 1372)は彼女の智恵の深さと徳の高さを知り、慧通尼師に称号を与えた。年を取ってから、彼女は望東に移り住んだ。

彼女は菩薩の六度波羅蜜を実践していた。ある日、寺の弟子たちに伝えてから森へ入り、座禅を組み 3 週間断食した。虎や狼が周りをうろついていたが、彼女を傷つけようとしなかった。[53] 84 歳になり、今際の際には野生の動物たちが嘆き悲しみ、6 種の音楽が鳴り響き、白い雲が寺を覆って嗅いだことがないようないい香りが部屋中に広がった。[54] 葬儀が終わると、弟子たちは仏舎利を集めて線香をあげた。

結論

この時代の女性仏教徒にまつわる話はそれほど多くないかもしれないが、ここまで紹介してきた女性仏教徒たちの姿が、李・陳朝期の女性仏教徒の集団が大きく発展していたことを示している。批判すべき点は、歴史書に名前が記録されている貴族出身の女性たちは、年老いてからもしくは夫の死後にしか寺で生活しないという点である。しかし、彼女らは、朝廷では熱心な仏教徒であり、我が国の仏教の発展に大きく貢献した。彼女らは陳朝以降に夫たちが儒教思想を支持するようになってからも仏教と関わり続けた。この伝統は近現代まで続くことになる。評価すべき点は、先の慧通尼師のように、正史ではない歴史資料の方が女性仏教徒の地位を明確に描いているという点である。彼女は当時の尼僧集団の指導者として支持されただけではなく、彼女の名声は王をも惹きつ

---

51 訳者注：漢字表記は不明。

52 *Nam Ông Mộng Lục［南翁夢錄］* p.102

53 Nam Ông Mộng Lục［南翁夢錄］p.103

54 An Nam Chí Nguyên［安南志原］p.106

けたのである。彼女の智恵と徳に敬意を評して、陳朝の王は偉大なる師という意味の大師という称号を与えた。この称号は普通僧侶に与えられるものである。そのため、『南翁夢錄』の著者が、彼女が僧と肩を並べていたと述べていても驚くことはない。[55]

55 *Nam Ông Mộng Lục*［南翁夢錄］p.1

参考文献

1. Nguyễn Tử Cường (1997) *Zen in Medieval Vietnam:A Study and Translation of the Thien Uyen Tap Anh,* University of Hawaii's Press, Honolulu.

2. Quốc sử quán triều Lê, *Đại Việt Sử kí toàn thư,* bản dịch của Viện Sử học (1967), Tập 1, NXB KHXH, Hà Nội. (黎朝国史館『大越史記全書』史学館訳(1967)第 1 巻、社会科学出版社、ハノイ)

3. Hohnston, Willian M (ed.) (2000) *Encyclopedia of Monasticism* 2 vols, Fitzroy Dearborn Publisher, Chicago.

4. Ngô Đức Thọ và Nguyễn Thuý Nga (1992), *Thiền uyển tập anh*, NXB Văn học, Hà Nội. (ゴー・ドゥック・ト、グエン・トゥイー・ガー (1992)『禪苑集英』文学出版社、ハノイ)

5. John Renard (2002) 101 *Questions and Answers on Buddism*, Gramarcy Books, New York.

6. *Thiền uyển tập Anh* (禪 苑 集 英 Out Standing Figures in the Grove of Meditation), Library of Hán Nôm institute, notation A.3144.

7. Hà Văn Tấn, Phạm Thị Tâm (1976), *Cuộc kháng chiến chống xâm luọc* Nguyên Mông thế kỉ XIII, NXB KHXH, Hà Nội. (ハー・ヴァン・タン、ファム・ティ・タム(1976)『13 世紀の蒙古侵略への抗戦』社会科学出版社、ハノイ)

8. *Champa: Lịch sử và Văn hoá của một vương quốc thuộc địa Ấn Độ ở Viễn Đông thế kỉ II-XVI* (チャンパ：2 ― 16 世紀の極東におけるインドに支配された王国)

9. *Việt Nam, Hồ Quý Ly và triều Minh (1371-1421)* (ベトナム・胡季犛と明朝(1371-1421))

10. *Lịch sử Việt Nam: Từ Hồng Bàng Đến Tự Đức* (ベトナムの歴史：鴻龐から嗣徳まで)

11. Quốc sử quán triều Nguyễn, *Đại Nam nhất thống chí*, Tập 3 (阮朝国史館『大南一統志』第 3 巻)

12. Quốc sử quán triều Nguyễn, *Khâm định Việt sử thông giám cương mục* (阮朝国史館『欽定越史通鑑綱目』

13. Hồ Nguyên Trừng, *Nam Ông mông lục* (胡元澄『南翁夢錄』)

14. Viện Viễn Đông bác cổ, *An Nam chí nguyên* (フランス極東学院『安南志原』)

阮朝時代の仏教活動における女性の役割

グエン・ゴック・クイン[1]

摘要

ベトナム人女性は、歴史上においても、そして現在でも、そして農村から都市に至るまで、仏教の活動に対して多大な貢献をしてきた。彼女たちは、仏教の物質的な基盤を築くことにおいて重要な役割を果たしただけでなく、仏教活動を豊かにし、多様にし、そして人々の人生にとって身近にしたのである。仏教が阮朝と密接になったのは、阮潢が順化(フエ)に遷都してからであった。仏教は阮氏に多大な援助を与え、阮氏は仏教を優遇した。阮朝の皇族たちは仏教に多くの親しみを感じていた。歴代の王子たちには、初め寺で育てられ、匿われていた者も多く、そのために阮氏や阮の皇帝は仏教を優遇し、高名な僧侶を尊崇したのである。朝廷は宗教活動に対する管理と監視を維持し、邪教淫祀を厳しく禁じる法律をつくった。そういったことは、儒教の特別な地位を守るという目的から発したものであったが、一方の面では、健全な宗教活動の環境を整えることを目指してのことでもあった。嘉隆帝から嗣徳帝までの時代、多くの寺が復興され、修復されたが、それには皇室の女性たちや各位の役人の妻たちが多くの貢献をし、重要な役割を果たしたのである。民衆の仏教活動も発展し、仏教はそのために多様で豊富になり、人々の要求に応えたのである。

1981年にベトナム仏教法会が全国規模で統一されてから、僧侶のコミュニティにおいてベトナムの尼僧は常に活動してきたが、まだ会の中心で活発な役割を果たすまでには至っていなかった。2009年1月、尼僧が特に社会的活動においてその持てる能力を発揮する条件を整えるために尼僧特別分科会が生まれた。それによって、会が割り当てる重責をよりよく果たし、現代におけるベトナムの尼僧の役割と権能を体現することを目指した。それ以降、ベトナム仏教は、平等と進歩の精神をもって発展してきたのである。

1. ベトナムの仏教活動における女性の役割

ベトナム女性は、農村から都市に至るまでの、広く言えば経済活動や文化社会活動において、そして特に仏教生活において重要な位置を維持してきた。その

1　グエン・ゴック・クイン　ベトナム社会科学アカデミー、博士

ことは、ベトナム人の生き方や生活形態からの影響ということで説明できる。そこでは、女性は家族に対する義務を果たすべき者であり、幼いときから母を助けて家の事を手伝い、家事の練習をする。やがて成長すると夫の家の仕事に加え、家族の経済を切り盛りする、収支と子どもの教育を管理するなどのような仕事も全て取り仕切ることになる。一方、ベトナムの伝統的な男性は、社会に対する義務の遂行に努める。例えば、労役に行き、兵隊に行き、公的な性格を持った各種の活動に参加する。科挙の受験を選んだ者がいるとすれば、よく勉強して試験に合格し、一族や村に名声をもたらすことだけに専心することもまた社会に対する義務であった。それに対して、家庭の世話をすることは完全に妻に属していた。ベトナムの諺には、女性の寺に対する親しみを表しているものがある。例えば、「若いときは家で楽しみ、老いては寺で楽しむ」や「男はディンに集まって楽しみ、女は寺で読経を楽しむ」などである[2]。

ベトナム人女性にとっては、農村から都市に至るまで、仏教は最も身近な宗教である。寺は宗教活動の場であり、また女性が連れ立ってやってきて、公共的な活動を行う場でもある。それは、毎月15日や月の初めに寺の仕事をしたり、寺の始祖の命日や大きな祭りの際に料理をしたりすることである。こういった女性は通常は高齢の女性であり、それぞれの尼僧の会に入っている。

それ以外にも、女性は仏教の物質的な基盤を造り、修繕することにおいても大きな貢献をしてきた。このことは、ベトナムの寺院におけるクンハウとバウハウの習俗に現れている。14世紀から、寺院においてオンハウを祀る傍らにバーハウを祀ることが見られた[3]。バーハウというのは、遺跡をたてたり仏教活動を維持したりするために多くのお金や財産、土地などを寄進するなど、村に多大な功績のあった女性たちのことである。その功績により、村や寺院は碑を刻んで彼女たちの功徳を記憶し、後々まで彼女たちの命日に礼拝することを約束した。あるいは、その土地に功績のあったバーハウの像を彫り寺院で祀るという場所もあった。それは、皇族の女性であることもあったし、普通の平民であることもあった。

仏教はベトナムに入って、土地のマゥ信仰と習合し、礼拝の対象の中でもか

2　訳注　ベトナム語で「オン ông」は主に成人した男性のことを表し、「バー bà」は成人した女性を表す。

3　グエン・ゴック・クイン、「歴史上における我が国のクンハウと碑の建立の習俗」、『歴史研究』2003年第5号、63－69頁参照

なり際立った女性の仏を拝むという現象を創り出した。それはベトナム仏教における女性的な面であると考える人もいるかもしれないが、それはまた仏教と、伝統を重んじ、活気の溢れる母系制という性格をもつ農業国の信仰の特徴との結合であり、そのためにベトナム仏教がその影響を受けているのだと見ることも可能かもしれない。雲の神、雨の神、稲妻の神、雷の神、といったものは昔のベトナム住民の信仰を象徴しているが、それが仏教と結合したとき、法雲、法雨、法雷、法電となったのである。それは初め農業の女神であったものが、ベトナム仏教の礼拝堂にもたらされたのだと考えることができる。

ベトナム仏教の男女平等性は、その組織系統の多くの分野に現れている。「ベトナムにはかなり早くから男性修行者の比丘と女性修行者の比丘尼のシステムが存在した。このことは他の大乗仏教の国とは異なる」。それは例えば、女性の出家者がいなかったチベットやモンゴルなどの大乗仏教の国や東南アジアの上座部仏教を信奉するタイ、カンボジア、ラオス、ミャンマーなどである[4]。現在、これらの国の女性仏教徒で受戒して比丘尼になりたい場合は、外国で受戒しなければならず、一旦帰国するといかなる宗教的儀礼も行ってはならないとされている。

現在、北部のベトナム寺院においては、マウを礼拝する現象はかなり普遍的に見られる。グエン・ズイ・ヒンによると、マウ礼拝は元々道教にあったもので、それが李陳朝期から我々の仏教に入ったものである。しかし、17 世紀以降になって、初めて寺院に入ってきたのであり、仏殿の傍に独自の神殿を持つことになったのであり、そしてそれは現在まで続いているのである。マウは道教、密教、呪法を伴う地母神信仰、降霊術、天然のシミ消しまでにも結合して、仏教の全ての儀式を圧迫していった 4。以前は、マウ礼拝は廟や神殿の範囲に押し込まれていたが、その後、仏教が世俗化されるとマウ礼拝の神殿は寺院に進出し正殿の間に置かれたり、あるいは別に礼拝のための別棟を建てられたりした。

その他に華僑の仏教について触れておく必要があるだろう。それはチュアバーとも呼ばれるティエンハウ[5]礼拝の神殿をもつ(一方でチュアオンは華人の

4　『私たちの時代の仏教』、宗教出版社、2005 年、10 － 15 頁参照 *Phật giáo trong thời đại chúng ta,* NXB Tôn giáo, 2005, tr. 10-15.

5　訳注　Thiên hậu 漢字表記すると [天后]。

関公を祀るためのものである)。ティエンハウは、移住してきた土地でかなり普遍的に見られる、華人に信仰されている河海の神である。南部の寺院には、通常とても大きく外苑に置かれている観世音菩薩の像があるが、それは華人の南海観音を拝む信仰の影響によるものと思われる。ここ数年、こういった像を拝むことは、北部の寺院でも多く見られるようになっている。

歴史を遡ると、史書に書き残されたベトナムで初めに出家したうちの一人は、尼僧妙因(1041 − 1113年)である。彼女は毘尼多流支の第17代の子孫に当たり、奉乾王の長女である。幼い頃、彼女は優しく思い遣りがあり、しっかりしていて、李聖宗皇帝に宮廷で育てられた。長じてから彼女は州の長官である黎氏に嫁いだ。夫が亡くなると、彼女は節を守って、再婚しなかった。彼女は、財産を寄進した後、禅師真空に会いに行き、菩薩戒を受けることを頼み、妙因という法名を貰った[6]。彼女はまた、ベトナム文学における初めの女流詩人であると見做されている。『禅苑集英語録』に、生老病死についての彼女の詩が収録されている。作者のグエン・ダン・トゥックは、「作者は、李朝時代の禅学についての深い認識を持った賢哲である」と認めている[7]。

陳朝の時代になると、男女平等の思想は陳太宗(1225 − 1258年)の『課虚録』に現れている。曰く「莫問大隠小隠、休別在家出家、不拘僧俗、秖要辨心、本無男女、何須着相(大隠小隠を問うことなく、在家出家を別けるをやめ、僧俗に拘らず、ただ心を弁ずるを要す。何ぞすべからく」(大隠でも小隠でも、在家でも出家でも、僧であろうと俗人であろうと関係ない。大切なのは心である。どうしてそんなにこだわることがあろうか)[8]。男女平等の思想だけでなく、陳太宗の言葉は、在家と出家に対する民主主義の精神を包括したものである。つまり、修業の程度がどうであれ、大切なことは心の中にある、ということなのである。

14世紀の半ばになると、尼僧トゥエ・トンは、何代も続く官僚一家である

---

6 釋清慈(1991)、『ベトナムの禅師』、宗教出版社、173 − 175頁参照。HT. Thích Thanh Từ (1991), *Thiền sư Việt Nam,* NXB Tôn giáo, tr. 173-175.

7 グエン・ダン・トゥック(1967)、『ベトナムの禅学』、ラーボイ出版社、308頁。『私たちの時代の仏教』、宗教出版社、2005年、79頁より抜粋。Nguyễn Đăng Thục (1967), *Thiền học Việt Nam,* NXB Lá Bối, tr. 308

8 『私たちの時代の仏教』、宗教出版社、2005年、13頁参照 *Phật giáo trong thời đại chúng ta*, NXB Tôn giáo, 2005, tr. 13.

範氏の娘だったが、出家してタインルオン山上の草庵で修業した。彼女は苦行を行って、一心に戒めを守り、普段から座禅をして、その容貌は羅漢のようであり、その名声は知れ渡っていた。陳芸宗(在位 1370 — 1372 年)は、彼女に「慧通大師」という号を賜った。[9]

2. 阮氏と阮帝の各時代(1558 年から嗣徳帝時代の 1883 年まで)におけるベトナム女性と仏教

阮氏は非常に仏教に親しんでいたため、王権を獲得した時、儒教が正統な思想とはなったが、阮朝の初めの皇帝たちは仏教を優遇するところがあり、阮氏の事業に関係のあった寺院を重んじた。天姥寺、慈恩寺(嘉隆帝が 1790 年に嘉定という地区をたてたときに、一時滞在した寺である)、啓祥寺(後宮が借りの宿舎としていた場所で、王妃の陳氏が皇子の膽(Đảm)を生んだが、それがのちの明命帝である)などが国寺となり、歴代皇帝に何度も冊封を受け、改修してもらい、金銀を賜った。そして、僧侶たちは阮氏が僧鋼となるように助力した。阮氏の王家にはまた、仏教を崇敬し、仏法を広めるために決して少なくない貢献をした多くの皇女や后妃がいた。武王阮福濶の側室の昭儀は貴人の称号を与えられたが、彼女は常に線香をあげて念仏を唱え、亡くなった後、慈母昭儀の号を賜った。[10]

ゴック・フェン公主は、武王阮福濶(1748 — 1765 年)の子で、宋氏の側室となった。夫が亡くなった後、彼女は節を守って出家した。嘉隆帝は常々礼拜に訪れ、大変厚く贈り物をした。[11]

ゴック・トゥ公主は、興祖孝康皇帝(すなわち、嘉隆帝の父親の阮福☒)の第一子である。彼女は一心に仏に祈り、何度も出家を願い出たが、嘉隆帝は許さなかった。[12]

阮氏の皇帝の治世に移ってから、仏教はそれ以前に比べて目覚ましい成功を収めた。多くの経典が印刷され、その種類も豊富であった。多くの高僧が現れ、

9　釋清慈前掲書、385 — 386 頁参照

10　『大南寔録先編』;グエン・ダック・スアン、『九代の内宮の話』、69 頁参照 *Đai Nam thực lục tiền biên;* Nguyễn Đắc Xuân, *Chuyện nội cung chin đời chúa, tr. 69*

11　グエン・ヒエン・ドゥック、『コーチシナの仏教の歴史』、386 頁 Nguyễn Hiền Đức, *Lịch sử Phật giáo Đàng Trong,* tr. 386.

12　『大南寔録先編』;グエン・ダック・スアン、『九代の内宮の話』、86 頁参照

当時の仏教活動において積極的な役割を果たした。朝廷の寺院における戦死した兵士の慰霊祭は、民衆の心をつかむ一つの方法であった。義士に対する慰霊の祭壇の建設は、民衆の中にある喪失の痛みを消す作用があった。

阮朝の皇后と公主の多くが仏教を尊崇し、彼女たちの貢献は小さくなかった。彼女たちは仏道に帰依し、幸福を願い、亡くなるときに浄土に生まれ変わることを望んだ。皇后たちは家の中に寺を建てた。福田(フックディエン)和尚は、「王侯たちは家の中に小さい寺を建てた」と書き残している[13]。

次のように言えるかもしれない。つまり、「寺に礼拝に行った昔の皇族たちは、どんな寺でもよかった訳ではなく、ある特定の寺に行ったのであり、それは仮に公邸の中にあった寺(内院)でなかったとしても、やはりその近くにあった寺に行ったのであった[14]」。『大南一統志』によると、嗣徳帝時代に全国にあった寺院の数は245であり、その内、ハノイには15、フエには36あった。この統計の数字は名刹だけの数であり、村の寺は計算されていない[15]。

碑文を読んでみると、皇族たちは大変仏教を優遇し、寺院の修理や建立に貢献していることが分かる。最も典型的なのは、金光寺(キムクアン)(フントゥイ県、現在はフエ市に属している)である。寺の維新(Duy Tân) 2年の碑文には以下のように記されている。「わが朝廷は文治を振興し、儒教を活用したが、寺観もまた順調に整備され、拡大していった。ー中略ー辛未の歳、嗣徳帝の時(1871年)、皇帝の叔母の阮氏、法名如妙(ニュージェウ)は、私的な寺院を建立することから始め、仏像と関聖帝君の像を拝み、鐘を鋳造し、石を彫り、修行し読経した[16]」。

嗣徳帝の母親は、慈裕(トゥーズ)、本名を范氏☒(ファム　ティハン)(1818 ― 1902年)といい、他の皇族たちといっしょに何度も財産を寄進して、フエの

13　科学研究紀要(2001)、『阮朝の宗教政策』、ホーチミン国家政治学院ー宗教と信仰関する科学センター、古都フエ遺跡保存センター、ハノイーフエ、193頁 Ki yếu đề tài nghiên cứu khoa học (2001), *Tìm hiểu chính sách tôn giáo của nhà Nguyễn.* Học viện Chính trị Quốc gia Hồ Chí Minh – Trung tâm Khoa học và tôn giáo và tín ngưỡng, Trung tâm Bảo tồn Di tích cố đô Huế, Hà Nội – Huế, tr. 193.

14　研究と発展ー特別号(2005)、「フエ寺院の碑文翻訳」、1 ― 2号(49 ― 50)、213頁 Tạp chí Nghiên cứu và Phát triển – Đặc san (2005), "Tuyển dịch văn bia chùa Huế", số 1-2 (49-50), tr, 213.

15　グエン・ズイ・ヒン(2005)、『大越文明』、文化通信・文化院 Nguyễn Duy Hinh (2005), *Văn minh Đại Việt,* NXB Văn hóa Thông Tin & Viện Văn hóa

16　研究と発展ー特別号(2005)、「フエ寺院の碑文翻訳」、1 ― 2号(49 ― 50)、38頁

寺院を修繕させた。国恩寺(クオックアン)（フォンチャー県､トゥアティエン､現在はフエ市に属している)の碑文には以下のように記されている。「和尚(了真慈孝)の働きかけにより、慈裕と莊懿の二人の皇后、ライ・ドゥックとクイ・ドゥックの2人の公主が寺に財産を寄進し、田畑を買い、鐘を鋳造した[17]」。

成泰(Thành Thái) 11年(1899年)、慈裕皇后の90歳の誕生日に際して、嗣徳帝は国庫の金を拠出して七重の塔を修築し、皇后の恩徳を記した石碑を立てた。その他にも、皇后はお金を寄進して、国恩寺、慈孝寺や天興寺などを修築している[18]。

阮朝の仏教が多くの支援を得て発展できた理由の一つは、歴代の皇帝の多くの后妃たちは、大抵は仏教を優遇し、首都や出身地の寺に支援を与えて修築した事である。ダニエル・グランクルマンの統計によると、嗣徳帝は103人の妻をもち、およそ300人の娘をもうけた。「しばらくして寵愛を失ったり、病気によって健康状態が十分でないことを理由に捨てられた場合、宮女は寺院や教会における修行生活という形で自らの人生を閉じることが普通であった[19]」。

首都の仏教と宮廷の仏教に比べて、京城から遠い地域の民間の仏教は、一般的に朝廷から優遇されることはなかった。各地方の仏教活動は、その組織および物理的な面で拡大することはできなかった。村落における仏教活動は、まだ生活に密着し、人々が育て、発展させたものであった。多くの詩文が、仏教という題材からインスピレーションを得、禅宗の思想に関連した考え方をもっていた。それらは、民衆の間に広く見られた。例えば、阮攸(Nguyễn Du)の『チュエン・キエウ』や『ティキン観音』、阮公著(Nguyễn Công Trứ)の『詠仏』、高伯适(Cao Bá Quát)の数編の詩などである[20]。民族的伝統を伴った仏教は、この時代にも引き続き、混乱、戦争、天候不順、飢饉などに苦しむ民衆にとって心のよりどころであった。南部への開拓の過程で、土地を切り開き、村を建設したベトナム人は元々持っていた信仰と宗教を持ち込んだ。祖先祭祀の信仰とその他の農業信仰を維持するとともに、彼らは各地に点々と寺院を建てていった。

17　研究と発展－特別号（2005)、「フエ寺院の碑文翻訳」、1 － 2 号（49 － 50)、66 頁

18　研究と発展－特別号（2005)、「フエ寺院の碑文翻訳」、1 － 2 号（49 － 50)、66, 85, 131, 156 頁

19　ダニエル・グランクルマン（2006)、『バオダイ、あるいは安南王国の最後の日々』、夫人出版社翻訳および出版、62 － 63 頁。DaNiel Grandcloment (2006), *Bảo Đại hay những ngày cuối cùng của vương quốc An Nam*, NXB Phụ Nữ, dịch và xuất bản

20　以下の資料を参照。

国の政治社会の情勢による困難に直面しても、阮朝の仏教活動はまだ信徒によって維持されていた。多くの寺では、人々が荘厳な修繕のための寄進をしていた。ザウ寺、佛跡寺、永嚴寺、ケオ寺、柴山寺、西方寺などは全て再建、修復された。ハノイでは、李国師寺、舘使寺はいずれも嗣徳8年(1855年)に修繕されている。育慶寺ー徽文殿は省の役人と民衆が寄進して、嗣徳17年(1864年)に再建された。蓮派寺もまた僧侶と各地からの信者がお金を出し合って修築された。[21] 19世紀になると、寺院に土地を寄進して一日の礼拝や、線香、あるいは、命日の礼拝の費用に充てることが一般化した。いくつかの寺院では、大変多くの寄進者の石碑と像を供養している。

1883年に立てられた聖母寺(ナムディン省ミーロック県)の碑文には以下のように記されている。「19世紀に、植民地主義のフランスがベトナムに侵攻してきた時、僧侶や尼僧と信者たちは積極的に下山して活動し、抵抗運動に参加した。多くの寺院は、愛国者を集め、軍隊を整える場所であり、政治と軍事活動の単位となった。ソンタイ省、マックルン社の真光寺は、かつて1858－1859年の抗仏運動に参加した僧侶の拠点であり、彼らの資料を保存していた。[22]

3. 若干の意見

ベトナムの女性は、農村から都市に至るまで、仏教の活動に多大なる貢献をしてきた。彼女たちは、仏教の物質的な基礎を建設することにおいて重要な役割を果たしただけでなく、仏教の生活を豊かにし、多様にし、そして人々の人生にとって身近にしたのである。それは、会合やグループの活動、寺の祭礼、読経、踊り、歌、線香をあげる、などである。

ベトナム仏教には、マゥを礼拝する土地の信仰の一定の影響が見られる。このことは、南海観音像や送子観音、法雲、法雨、法雷、法電を祀る寺院群、寺院の中のバーハウの像など、ベトナムの寺院の礼拝対象に如実に表れている。特に、マゥを礼拝する現象は仏を礼拝している寺院で日増しに広がっている。

21　准教授、博士ドー・ティ・ハオ・ビエン訳、教授、博士キエウ・トゥ・ホァィッ校訂（2007)、『タンロン ― ハノイ漢喃碑文遺産』、ハノイ、84, 88,137,189頁。PGS. TS Đỗ Thị Háo Biên dịch, GS. TS Kiều Thu Hoạch hiệu đính (2007), *Di sản Hán Nôm văn bia Thăng Long – Hà Nội*, H, tr. 84, 88, 137, 189.

22　ベトナム社会科学委員会ー哲学院（1991）ーグエン・タイ・トゥ（編集)、『ベトナム仏教史』、社会科学出版社、446頁。

仏教が阮朝と密接になったのは、阮潢が順化（フエ）に遷都してからであった。仏教は阮氏に多大な援助を与え、阮氏は仏教を優遇した。阮朝の皇族たちは仏教に多くの親しみを感じていた。歴代の王子たちには、初め寺で育てられたり、匿われていた者も多く、そのために阮氏や阮の皇帝は仏教を優遇し、高名な僧侶を尊崇したのである。朝廷は宗教活動に対する管理と監視を維持し、邪教淫祀を厳しく禁じる法律をつくった。そういったことは、儒教の特別な地位を守るという目的から発したものであったが、一方の面では、健全な宗教活動の環境を整えることを目指してのことでもあった。嘉隆帝から嗣徳帝までの時代、多くの寺が復興され、修復されたが、それには皇室の女性たちや各位の役人の妻たちが多くの貢献をして、重要な役割を果たしたのである。民衆の仏教活動も発展し、仏教はそのために多様で豊富になり、人々の要求に応えたのである。

19 世紀の終わりから 20 世紀の初頭に至って、大乗仏教の尼僧集団が発展を遂げ、高徳の尼僧たちも現れた。彼女たちは、得度を受けて尊敬に値する徳行を積み、修業を重ねた。その中でも象徴的なのは、長老の故ジエン・チュオン尼僧、ジエウ・ティン庵主、ジエウ・コン庵主、ニュー・タイン庵主などである。カッシー派[23]だけでも、フイン・リエン庵主、バッ・リエン庵主、タン・リエン庵主など何人もの高名な高徳の尼僧がいる。彼女らはカッシー派を立ち上げ、正法を広げ、人々を救った。これまでに、彼女たちは何万人にも及ぶ教団をつくり上げてきたのである[24]。

1981 年にベトナム仏教法会が全国規模で統一されてから、僧侶のコミュニティにおいてベトナムの尼僧は常に活動してきたが、まだ会の中心で活発な役割を果たすまでには至っていなかった。2009 年 1 月 1 日になり、諸尊徳證明協会及び運営協会から許可、承認されて尼僧特別分科会が誕生したことは、ベトナムの尼僧たちにとって大きな喜びであった。

ベトナム仏教会における尼僧の数は（男性の）僧侶の数に匹敵するほどになっている。ベトナム仏教会に所属する全国の僧侶及び尼僧の総数は 44,498 名となっており、その内訳は、大乗系が 32,625 名、小乗系が 8,919 名（8,574 名のクメール人小乗仏教徒と 345 名のキン族の小乗仏教徒）、カッシー派が 2,954 名であ

23　訳注　hệ phái Khất sĩ、1944 年に設立されたベトナム仏教会を構成する九つの組織のうちの一つ。

24　前掲、第 11 回世界仏教尼僧会議発表原稿、第 2 集、3，27 頁

る。[25]尼僧の数は何万にも及び、僧侶と尼僧の総数約5万の内、47%を占めている。2015年12月31日までの数字では、ベトナム仏教会には49,493名の僧侶と尼僧がいた。(2014年の47,237名から2,336名増加した)。その内、大乗系が36,625名(2014年の36,062名から563名の増加)、キン族の小乗系が824名(2014年の805名から19名の増加)、クメール人小乗系が8,690名(2014年の7,032名から1658名の増加)、カッシー派が3,354名(2014年の3258名から96名の増加)であった。寺と僧院の数は17,376(2014年の17,287と比較して98の増加)である。また、各僧院で日常的に修行している信者と仏弟子が何千万人とおり、その数は、ほぼ全ての地方における三帰五戒の伝授を通して毎年増え続けている。その中でも、特に西北地方や中部高原地方に新しく設置された省においてそれは顕著である。それに加えて、5千万人以上の人々が全国で仏教を優遇している。[26]

最近の多くの若い尼僧たちは、国のいたるところの学院で一生懸命に修行してきたし、また今もしている。そして、インド、ネパール、中国、台湾、ミャンマー、アメリカ、タイなどの友好国に留学している者もいる。また彼女たちは、仏教学やそれ以外の学問の学士、修士、博士など多くの学位を国の内外で取得している。そして、各省都の運営部や教会本部において、宣伝広報、伝道、教育、儀礼、社会的な慈善事業などの面で積極的に奉仕している。[27]

来る将来、尼僧が持てる能力を、特に社会活動の分野で発揮し、より多くの教会から課される重責を担い、現代におけるベトナム尼僧界の役割と義務を正しく体現することで、ベトナム仏教が真の平等と進歩の精神をもって発展することを願う。

---

25 『第6回全国仏教代表者大会紀要』、宗教出版社、2008年、所収「第5期(2002 − 2007年)仏教事業業績総括報告、34頁 Báo cáo tổng kết công tác Phật sự nhiệm kì V (2002 – 2007) trong Kỉ yếu Đại hội Đại biểu Phật giáo toàn quốc lần thứ VI, NXB Tôn giáo, H. 2008, tr. 34.

26 ベトナム仏教教会の2015年仏教事業業績総括要綱報告、2016年1月13日に基づくデータによる。Báo cáo tóm tắt tổng kết công tác Phật sự năm 2015 của Giáo hội Phật giáo Việt Nam, Hà Nội ngày 13 tháng 1 năm 2016.

27 『第11回世界仏教尼僧会議発表原稿』、第2集、2ページ、「社会慈善事業分野における仏教尼僧の進出」“Sự dấn thân của ni giới Phật giáo trên linh vực từ thiện xã hội”

参考文献

1.『第 6 回全国仏教代表者大会紀要』、宗教出版社、2008 年、所収「第 5 期(2002 ― 2007 年)仏教事業業績総括報告　Báo cáo tổng kết công tác Phật sự nhiệm kì V (2002 ― 2007) trong Kỉ yếu Đại hội Đại biểu Phật giáo toàn quốc lần thứ VI, NXb Tôn Giáo, H. 2008.

2. ベトナム仏教会の 2015 年仏教事業業績総括要綱報告、2016 年 1 月 13 日、ハノイ　Báo cáo tóm tắt tổng kết công tác Phật sự năm 2015 của Giáo hội Phật giáo Việt Nam, Hà Nội ngày 13 tháng 1 năm 2016.

3. ダニエル・グランクルマン(2006)、『バオダイ、あるいは安南王国の最後の日々』、女性出版社翻訳および出版　DaNiel Grandcloment (2006), *Bảo Đại hay những ngày cuối cùng của vương quốc An Nam,* NXB Phụ Nữ, dịch và xuất bản.

4. グエン・ヒエン・ドゥック(1995)、『コーチシナの仏教の歴史』(第二集)、ホーチミン市出版社　Nguyễn Hiền Đức (1995), *Lịch sử Phật giáo Đàng trong* (bộ 2 tập), NXB Thành phố Hồ Chí Minh.

5. グエン・ダイ・ドン、『タンロン―ハノイの尼僧』、タンロン―ハノイ李朝遷都千年仏教シンポジウム紀要　Nguyễn Đại Đồng, “Ni giới Thăng Long – Hà Nội”, Kỉ yếu Hội thảo Phật giáo thời Lý với 1000 năm Thăng Long – Hà Nội.

6. ティック・ヌー・ボン・ザック[釈女本覚] (2010)「ベトナムの尼僧界にとっての始祖、ジィウ・ニャン師」、『李朝の仏教』ベトナム仏学研究院、宗教出版社　Thích nữ Bổn Giác (2010), “Ni sư Diệu Nhân tổ sư Ni Khơi nguồn cho Ni giới Việt Nam”, trong *Phật giáo đời Lý*, Viện Nghiên cứu Phật học Việt Nam, NXB Tôn Giáo

7. グエン・ズイ・ヒン、『最近の我が国の仏教についての科学的考察』(内部資料)。Nguyễn Duy Hinh, *Suy nghĩ khoa học về Phật giáo nước ta gần đây* (tài liệu tham khảo nội bộ).

8. グエン・ズイ・ヒン(2005)、『大越文明』、文化情報出版社・文化研究院。Nguyễn Duy Hinh (2005), *Văn minh Đại Việt,* NXB Văn hóa Thông Tin & Viện Văn hóa.

9. 准教授、博士ドー・ティ・ハオ・ビエン訳、教授、博士キエウ・トゥ・ホァイッ校訂(2007)、『タンロン ― ハノイ漢喃碑文遺産』、ハノイ。PGS.TS

Đỗ Thị Hào biên dịch, GS.TS Kiều Thu Hoạch hiệu đính (2007), *Di sản Hán Nôm văn bia Thăng Long – Hà Nội.*

10. 科学研究紀要(2001)、『阮朝の宗教政策』、ホーチミン国家政治学院―宗教と信仰関する科学センター、古都フエ遺跡保存センター、ハノイーフエ、193 頁。Kỉ yếu đề tài nghiên cứu khoa học (2001), *Tìm hiểu chính sách tôn giáo của nhà Nguyễn*. Học viện Chính trị Quốc gia Hồ Chí Minh – Trung tâm Khoa học và tôn giáo và tín ngưỡng, Trung tâm Bảo tồn Di tích cố đô Huế, Hà Nội – Huế

11. クリスターナ・ラクサチョム、「タイにおける比丘尼の起源」、第 11 回世界仏教尼僧会議発表原稿、第一集、195 頁。Kristana Raksachom, "Nguồn gốc của các Tỳ kheo ni ở Thái Lan". *Các bài tham luận Hội nghị nữ giới Phật giáo thế giới lần thứ 11*, tập 1, tr. 195

12. 学会紀要(1992)、『阮朝時代の文化社会問題(学会紀要第一号)』、社会科学出版社、ハノイ。Kỉ yếu Hội thảo (1992), *Những vấn đề văn hóa xã hội thời Nguyễn* (Tập kỉ yếu hội thảo lần thứ nhất), NXB KHXH, Hà Nội

13. 学会紀要(2008)、『16 世紀から 19 世紀のベトナム史における阮氏と阮王朝』、10 月 18 ― 19 日。Kỉ yếu Hội thảo (2008), *Chúa Nghuyễn và vương triều Nguyễn trong lịch sử Việt Nam từ thế kỉ XVI đến thế kỉ XIX*, Tổ chức tại Thanh Hóa, ngày 18-19 tháng 10

14. グエン・ゴック・クイン、「歴史上における我が国のクンハウと碑の建立の習俗」、『歴史研究』2003 年第 5 号。Nguyễn Ngọc Quỳnh, "Tục cúng hậu và lập bia hậu ở nước ta trong lịch sử", *Tạp chí Nghiên cứu Lịch sử,* số 5/2003

15. 釋徳業(1995)、『ベトナム仏教』、ホーチミン市仏教部会。Thích Đức Nghiệp (1995), *Đạo Phật Việt Nam*, Thành hội Phật giáo TP Hồ Chí Minh

16. 『ベトナム仏教学研究』(2010)、宗教出版社。*Nghiên cứu Phật học Việt Nam* (2010), NXB Tôn Giáo.

17. 『私たちの時代の仏教』(2005)、宗教出版社。*Phật giáo trong thời đại chúng ta*, NXB Tôn giáo, 2005,

18. 釋清慈(1991)、『ベトナムの禅師』、宗教出版社。HT. Thích Thanh Từ (1991), *Thiền sư Việt Nam*, NXB Tôn giáo

19. グエン・ダック・スアン(1998)、『阮朝の皇后・王妃・公主、九代の内宮の話』、順化出版社。Nguyễn Đắc Xuân (1998), *Hoàng hậu vương phi công chúa*

triều Nguyễn, chuyện nội cung chin đời chúa, NXB Thuận Hóa.

20. 研究と発展ー特別号(2005)、「フエ寺院の碑文翻訳」、1、2号(49 ― 50)。Tạp chí Nghiên cứu và Phát triển – Đặc san (2005), "Tuyển dịch văn bia chùa Huế", số 1-2 (49-50)

21. ベトナム社会科学委員会ー哲学院(1991)ーグエン・タイ・トゥ（編集)、『ベトナム仏教史』、社会科学出版社。Ủy ban Khoa học Xã hội Việt Nam – Viện Triết học (1991) – Nguyễn Tài Thư (chủ biên), *Lịch sử Phật gióa Việt Nam*, NXB KHXH

妙因尼師：功績と来歴及び般若経典思想の悟り

グエン・コン・リー[1]

要旨

本稿は『禪苑集英語錄』に収録されている「妙因尼師」の話の精読と『大越史記全書』にある関連情報を元に、尼師の生涯、功績について再考し、尼師の経歴について問題を提示していく。同時に、語録の中の一部と尼師による示寂偈を取り上げ、妙因が様々な経典で説かれている空性と、般若経、特に金剛般若波羅蜜経の無について精通した、悟道の禅師であったことを示す。

現在の資料の状況から、妙因は我が国最古の禅学にまつわる歴史書への掲載を許された唯一の尼師(尼禅師)である可能性がある。尼師は我が国が 10 世紀初頭に独立を果たしてからみて、ベトナム文学史上初めての女性作家でもある。

1．妙因尼師の略歴と功績

『禪苑集英語錄』は李朝期終わりから陳朝期はじめ(12 － 13 世紀)に書かれた。グエン・ラン氏(法名：ニャット・ハン)によると、無言通派の禅僧たちが継承して書きあげたものだという。通辯(? － 1134)が初めの執筆者であり、それに以下の禅僧たちが続いた。：明智(? － 1196)、常照(? － 1203)、神儀(? － 1216)、隠空(? － ?)。現存する最古の版は、永盛 11 年つまり 1715 年の黎裕宗(治世 1705 － 1720)の活版史料番号 A.3144 が、妙因尼師の略歴について書かれた最初の書物である。

本書の記述によると、妙因尼師(1042 － 1113)は出家前の名を李玉嬌といい、奉乾王の長女である。彼女は生まれつき温和で礼儀正しい性格で、幼少期から李聖宗に宮殿内で養われていた。彼女が大きくなると、王は姓を黎という真登[2]の州牧に嫁がせた。黎氏が亡くなると、彼女は再婚せずに節を全うすることを誓った。ある時、彼女は「この世の道理を全て見てきたが、どれも幻想に過ぎない。ましてや取るに足らない栄華など頼みにすることができようか」と

1　人文社会科学大学（ホーチミン市国家大学）准教授、博士

2　真登：前黎朝期、李朝期の州の名前。現在のフート省ラムタオ県及びタムタイン県に位置する。黎姓の真登州の州牧は彼女の夫であり、黎大行王（941 － 1006）の末裔である。のちに、真登州は黎氏の子孫によって支配されるようになる（大越史記全書（現代語訳版）第 1 巻、李朝参照）。

もらした。それから彼女は自分の全財産を民に恵んでやり剃髪して、扶董郷の真空禅師(1046 − 1100)の元に出家の許しを請いに行った。尼師は弱い心について熱心に学び、真空から妙因という法名を賜り、京北鎮仙游県扶董郷(現在のバクニン省)の香海尼僧院を主管するようになった。尼師は修習し禅行を修め、当時の尼僧の中で模範と言われる域に達した。[3]

一方、黎家の正史について、大越史記全書の李朝の章に以下のように記されている。

> *癸巳(會祥大慶)四年(1113)、(宋正和三年)。夏、六月、真登州の州牧の夫人である李氏の公主が亡くなった。(夫人の名は玉嬌、奉乾王の長女で聖宗に宮中で育てられ、大きくなると公主として真登州の姓が黎という州牧の元へ嫁ぎ、夫の死後、夫人は未亡人でいることを誓い、修行を積み尼僧になり、72歳で亡くなった。神宗が尼師を奉った。)*[4]

2. 妙因尼師の経歴、生い立ちに関する問題

『禪苑集英語錄』と『大越史記全書』に基づけば、李玉嬌は、李太宗の子であり李聖宗の弟である奉乾王李日中の長女であると理解できる[5]。このことから、李玉嬌公主からみると李太宗は祖父であり、李聖宗は伯父であると言える。しかし最近になって、尼師の経歴と生い立ちについて異なる説が浮上している。

ベトナム弁護士会言論機関が発行する Người đưa tin (報道者)紙に、2013 年 7 月と 8 月に李族の千年前の古墳に関する記事が掲載された。超能力者であるホアン・ティ・ティエム氏とその妹が数ヶ月に渡って何度も見た奇妙な夢の中で、李太宗が自分の孫娘の遺骨を探したいと訴えていた。氏は人類潜在能力研究所に事情を説明した。2012 年 5 月に研究所は省の人民委員会や各地方管理団体との事業を立ち上げた。ティエム氏は次のように語った。

3　1715 年出版の "Diệu Nhân Ni sư" *Thiền uyển tập anh ngữ lục,* kí hiệu A 3144 (「妙因尼師」『禪苑集英語錄』資料番号 A3144) の翻訳に基づく。

4　*Đại Việt sử kí toàn thư,*Tập 1 (Cao Huy Giu phiên dịch、Đào Duy Anh hiệu đính) NXB KHXH, Hà Nội, 1967, tr.246 (『大越史記全書』第 1 巻、カオ・フイ・ズー訳、ダオ・ズイ・アイン校正、社会科学出版、ハノイ、1967 年、p. 246)

5　『大越史記全書』に基づいてこのように推論したが、訳本 346 ページ注 33 (既出) では「奉乾王は李太宗の弟」という記述がある。訳本に注を加える際、ダオ・ズイ・アインもしくは活字を組む職人が子と弟を間違えた可能性があると筆者は考えている。

2011年末から2012年春にかけて、何ヶ月にも渡って私は同じ夢を見ました。その夢は、いくつかのシーンを何度も繰り返していました。私が李公蘊と名乗る王様に会います。王様は私に対して、自分の孫娘である李嬌鶯の墓石を救ってほしい、今は上に家が建てられて押さえつけられている、とても重くて臭いし汚いと、訴えてきました。しかし、王様が何度もおっしゃるには、以前将軍たちに事細かに調査させて墓が安定するように山水の流れる場所を選んだ、そのため墓石が見つかっても人々には補修・保全を許すが、他の場所に移すことは許さないとのことでした。

その後、この研究所と考古学院の事業が始まり、夢のお告げに従ってかつてのタンビン地区(現在クアンビン省に位置する)を古墳発掘のために探っていった。2012年6月6日から2012年9月26日までの間に、クアンビン省ドンホイ市のファム・ヴァン・ナム氏の家の庭から古墳が発掘されてから、レンガでできた墓の中から様々な古物の他に「李嬌鶯公主」の五文字が彫られた、天然の花崗岩でできた墓標が見つかった(墓標は長さ25cm、幅10.5cm、厚さ最大6cm、重さ2.1kg)[6]。

近年、2013年6月に、新たに始まったばかりの古墳採掘事業に関するシンポジウムがクアンビン省ドンホイ市で開かれた。このシンポジウムは、人類潜在能力研究応用院と、ベトナム系譜学研究応用センター、バクニン省トゥーソン町ディンバン地区人民委員会、ベトナム李氏連絡委員会が協力してバクニン省トゥーソン町ディンバン地区デンドーで開かれた。

正史を調べると、李嬌鶯公主は李太祖の内孫であり、李太宗と太宗付きの女官の子である。李嬌鶯を産んだ後、彼女の母親は王の妃になった。このことは『大越史記全書』に以下のように書いてある。「乙亥通瑞二年[1035]（宋景祐二年)秋、七月、宮仕えの女(氏名不詳)を天感皇后として封じた。日中皇子を奉乾王として封じた。他の皇子たちを皆仕えさせた[7]」。『大越史記全書』は太宗が父の太祖の後を継いで王位についた後、「辛巳三年(宋慶暦元年)、夏、五月、7

6　電子新聞 Người đưa tin（報道者）紙 2013年7月27日、2013年8月4日

7　*Đại Việt sử kí toàn thư,* Tập 1 (Cao Huy Giu phiên dịch、Đào Duy Anh hiệu đính) NXB KHXH, Hà Nội, 1967, tr.211（『大越史記全書』『大越史記全書』第1巻、カオ・フイ・ズー訳、ダオ・ズイ・アイン校正、社会科学出版、ハノイ、1967年、p. 211）

人の皇后を立て、侍女たちに位を与えた、妃嬪 13 人、王付の女官 18 人、妓女 100 人余りのくらいを与えた」[8]。

嬌鶯が生まれた後、李太宗は長子である日尊を他の人の手によって育てさせた。日尊太子は太宗と梅氏金天皇后の長男である。太宗の崩御の後、日尊は聖宗という廟号で位を継いで、母を金天皇太后と封じた。梅氏出身の皇太后は、まだ太宗と自分に仕えていた頃から天感皇后のことを知っており、皇太后は天感皇后をとても可愛がり、いつも擁護して守っていた。そして、李嬌鶯公主が大きくなると王から公主としての位を与えられて新平と名乗り（新平公主）、公主は胡徳鵰の元に嫁いだ。新平公主は布正（この後から新平府すなわち現在のクアンビン省）を自身の結婚後の宮として賜り、そこで布正の鎮守として役職を得た夫である胡徳鵰と共に暮らした。

その頃、南方の国境地帯では、占城が常に秩序を乱していた。占城との交戦で、力が及ばず胡徳鵰は敵によって殺されてしまった。李嬌鶯公主は女の子を産んだばかりで、そこに重大事が加わり彼女は精根尽き果て、新平府を失った。その時、朝廷は李日尊太子に軍を率いさせて救援に向かわせた。自身が動ける状態ではないとわかっていた李嬌鶯は兄の李日尊に娘を託し、宮廷まで連れて帰らせた。昇龍に戻ってから、李日尊は異母弟である奉乾王李日中に李嬌鶯の娘を託し養育させた。奉乾王はその娘に李玉嬌と名付けた。大きくなると、玉嬌は公主としての位を賜り、真登州の州牧である黎氏の元に嫁いだ[9]。

上記の情報からすると、李玉嬌から見て奉乾王李日中と李聖宗（日中）の実の叔父であり、李太宗は母方の祖父だ。李姓は叔父であり育ての父の姓で、彼女の元々の出自は胡姓である。

以上のように、現在妙因尼師の生い立ちについて 2 つの説がある。

一つ目は、彼女は奉乾王李日中の長女で李太宗の内孫であるという説である。

二つ目は、彼女は李嬌鶯公主の娘で、奉乾王李日中とは叔父と姪の関係で、それと同時に奉乾王李日中は彼女の育ての親でもある。李太宗王は彼女の母方の祖父である。

---

8 *Đại Việt sử kí toàn thư,* Tập 1 (Cao Huy Giu phiên dịch、Đào Duy Anh hiệu đính) NXB KHXH, Hà Nội, 1967, tr.217（『大越史記全書』『大越史記全書』第 1 巻、カオ・フイ・ズー訳、ダオ・ズイ・アイン校正、社会科学出版、ハノイ、1967 年、p. 217）

9 2013 年 6 月バクニン省ディンバン地区のシンポジウム、電子新聞 Người đưa tin（報道者）紙 2013 年 7 月 27 日、2013 年 8 月 4 日より。

以上は、筆者が確認できた説を元に、妙因尼師李玉嬌の生い立ちについてまとめたものである。筆者は彼女の生い立ちについて疑問を提示し、再考の価値を示したまでである。科学とは「探求に次ぐ探求」であるのだから！　筆者は、『禪苑集英語錄』と『大越史記全書』の記述に従うべきだと考える。なぜなら、この説は伝統的性格を持っており、昔から容認されてきたものだからである。一方の先ほどあげた古墳の発掘の話は、より説得力を増すためには検証の余地がまだ残っている。ここで一つ付け加えると、この説は尼師の資質、徳の高さ、功績、悟りへの禅定と修習の過程には何ら影響を及ぼさない。

3. 妙因尼師の語録と詩偈にみられる空性と無の思想

尼師が『禪苑集英語錄』で著した作品に話題を戻したい。これは尼師が禅定と収集の家庭で影響を受けた思想の源について理解し考えることができる現存する唯一の資料だからである。

妙因尼師は毘尼多流支派の 17 代目で、真空禅師の優れた弟子である。『禪苑集英語錄』には以下のような記述がある。

> 「学びたいと志願するものが訪ねてきて、師は大乗の全てを教えた。師曰く、*「自性の源に行き着いたならば、頓悟するか漸悟するかはそれぞれだが気づくことができるだろう」*。師はいつも静かで、美しい音でも響くのを避けるのを好む。ある弟子が問うて曰く、*「衆生が病めば我々もまた病みます、なぜ美しい音でも避けないといけないのですか？」*。師は経を引きながら答えて曰く、*「もし色を以て我を見、音声を以て我を求む。この人は邪道を行ず。如来を見る事能わず」*。また問うて曰く、*「静かに座っているのはどうでしょうか？」*。答えて曰く、*「もともと歩いていません」*。また問うて曰く、*「話さないのはどうでしょうか？」*。答えて曰く、*「教えにもともと言葉はありません」*。會祥大慶四年(1113)、師は病に罹り僧衆を呼び、偈を読んで曰く、
>
> *生老病死,*
> *自古常然。*
> *欲求出離,*
> *解縛添纏。*
> *迷之求佛,*

惑之求禪。
禪佛不求，
杜口無言。

読み終わるや否や、髪を洗い身を洗い清め、結跏趺坐して入寂した、72 歳であった。[10]

上に引用した尼師の問答と詩偈から、尼師が徹底的にまでに依拠している経文は般若経、特に『金剛般若波羅蜜経』であるとわかる。尼師が了悟した思想は空性と無の哲学的思想で、特に取の概念に関する教えに徹底的に従っている。これはある日の昼に王舎城近くの祇園精舎で、須菩提が世尊にどのようにして煩悩を抑えるのかと尋ね、世尊が須菩提に説いて聞かせたことの精髄である。これは修習を行持する中で尼師が常に弟子たちへ教え説いた大乗思想である。ここでは尼師は頓悟と漸悟つまりひと時に悟りを開くか徐々に悟りを開くのかを区別していない。尼師の考えでは、自性の源に到達した、すなわち本質を自分のもののように悟ることができて、自分と道理が持つ元々の形を感じることができたなら、悟りを開いたということである。『金剛経』や『般若心経』、『象頭精舎経』に代表される般若経で表されている大乗思想では、ものごとの道理の本質は空であると説いている。ここで注意すべきは、「空」が指す範疇は何もない(つまり「無」、「色－空」「有－無」の「有」に対する概念)ではなく、非空の空つまり「真空」で、「真空」はすなわち「妙有」（究極的な有)である。この「真空妙有」は「色－空」「有－無」をも超越、すなわち「有無を超越」している。これは不二または一乗法である。

中国の禅宗では、初祖菩提達磨から慧可、僧璨、道信に到るまで、楞伽経が説いているように伏心、安心を行持し、心が静かであるために楞伽経の教えを用いている点にも注意すべきである。五祖弘忍に至り、教えを広めて弟子に伝承していくために、楞伽経の思想に依拠しながら金剛経の思想と融合させた。六祖慧能の時代になると、弟子に仏法の命脈を伝えるのに金剛経の思想のみを用いていた。

妙因尼師は毘尼多流支禅派の弟子である。毘尼多流支は南インドの人で、般若経の影響を強く受けており、中でも『金剛経』、『般若心経』、『象頭精舎経』を

10　1715 年出版の “Diệu Nhân Ni sư” *Thiền uyển tập anh ngữ lục*, kí hiệu A 3144（「妙因尼師」『禪苑集英語錄』資料番号 A3144）の翻訳に基づく。

基礎として重視している。これらは大乗思想つまり一乗法、仏乗を表した経文である。

毘尼多流支は、僧璨－中国禅宗の第三祖の元で得法したが、中国禅宗の影響はそれほど受けず､般若経を通じて南インドの禅思想の影響を受けた。これは、我々が妙因尼師の思想を研究、考察する上で根拠とする思想の起源であり要因である。語録の中の問答では、弟子たちの質問に答える時、尼師は｢静かに座っているのはどうでしょうか？｣という問いに答えるために｢もともと歩いていません｣と、｢話さないのはどうでしょうか？｣という問いに答えるために｢教えにもともと言葉はありません｣と述べているが、これは全て、不二、一乗法の精神を有している。禅家は常に｢平常心是道｣、｢無言是道｣と説く。禅の考え方では修習を行持する仏門は心を重視する。静かでひとところに定まった心であれば、本質や自性を感じることができ、仏性に目覚め、見性し成仏できる。陳太宗がまだ幼かった頃、太宗が安子山を登って仏に祈るのをやめた時に、孚雲竹林大沙門国師が教えた｢心が静かであることを知れば、それは真の仏である｣という言葉は、禅学の内面を見つめる精神を表している。これより数世紀前、菩提達磨の弟子が、どのようにして静寂の境地に至るのかと尋ねたところ、菩提達磨は｢自身の心を静寂の境地に導きなさい｣と答えた。弟子は、心は見せびらかすことができるような物質ではなく、直感で感じ認めることしかできないものだと即座に悟った。

安心、調心する方法、煩悩を抑える方法は、世尊が『金剛般若波羅蜜経』で説いている。修習を行持して、行者が自身の心を定められ、真理に気づくことができて心が過去にしがみついてすがり、こだわることがなくなれば、無の精神に到ることができた、すなわち悟りを開き見性できたということだ。『金剛般若波羅蜜経』の中で、世尊が 3 つの異なる経文で｢応に住する所無くして、而も其の心を生ずべし｣と 3 回を説いている。六祖慧能(中国、河南省)と陳太宗(ベトナム)は経文の｢応に住する所無くして、而も其の心を生ずべし｣という下りを読んで**無**の精神に至ったが、この事実は慧能の『法宝壇経』、陳太宗の『禅宗指南序』で、それぞれ述べている。

明因尼師も同じである。つまり、般若経が説く万法の無の精神と空性を悟ったのだ。そのため、弟子が｢衆生が病めば我々もまた病みます、なぜ美しい音でも避けないといけないのですか？｣と問うた時に尼師は経文を引きながら｢もし色を以て我を見、音声を以て我を求む。この人は邪道を行ず。如来を見る事能わず」と答えたのだ。尼師の答えは『金剛経』から引かれたものだ。これは世尊が弟子たちの先入観を壊し、過去へのこだわりをなくすためにこれまでの指導者の思想をまとめた、四句偈つまり重頌である。世尊は弟子たちが全てを手放して過去にしがみつかなくなることを望んでいた。これこそ無の精神である。世尊は「もし色を以て我を見、音声を以て我を求む。この人は邪道を行ず。如来を見る事能わず」と説いている。

ここまで読んで、妙法蓮華経(法華経)、仏説阿弥陀経(阿弥陀経)、薬師瑠璃光如来本願功徳経(薬師経)などでは、世尊は弟子たちに、摂心、信受、奉行して熱心に拝み、誦持すれば、託生したのちに阿弥陀仏の西方極楽浄土か薬師瑠璃光如来の東方浄瑠璃浄土に行けると説いたのに、その一方で金剛経では、世尊は弟子たちに、あまり熱心に仏を拝むべきでない(もし色を以て我を見)、読誦したり仏を讃歎したりすべきでない(音声を以て我を求む)べきでない、これらは正道ではなく「邪道の行い」だからいつまでも自性を見つけられず悟りを開けない(如来を見る事能わず)と説いているのかと、疑問に思われる方もいるだろう。

相対して矛盾しているようにみえる論理の問題は、熟考するとそうではないとわかる。なぜなら、仏の思想の教理は時代、その時々やその場所で、道理に合ったものだからである。仏の随縁化度の精神がここにある。気根の程度は全ての衆生が皆同じで統一されたものではなく、むしろ限りなく多様で違う階級、程度の気根で満ち溢れている。下智の者に世尊は、福徳を集めるすなわち善業を広げて福果を得るために持戒、懺悔、誦経、念仏を唱え、熱心に拝み、供養すべきだと説く。そこから初めて浄土宗が生まれる。その一方で、上智のものに世尊は、より深遠で卓越した修習の行持のしかたを説く。あらゆるものの空性の論理を持つ般若経は、こだわりをなくしてしがみつかない精神つまり無の精神を表しており、これは上智の者に向けている。禅学と禅宗は行者が修習し悟りを得るためにこの思想を用いている。これも我々が、なぜ45年間(上座仏教)もしくは49年間(大乗仏教)説法している時に世尊は多くのことについて説いているのに、空性と有無を超越した無の思想を持つ般若経は最後に説いたのかを理解するための理由でもある。

妙因尼師は経文の教義について理解していたので、弟子の「衆生が病めば我々もまた病みます、なぜ美しい音でも避けないといけないのですか？」という問いに対して答えるのに、尼師は経の中の偈を引いて答えたのだ。ここで注意すべきは、行者が修習して須陀洹、斯陀含、阿那含、声聞、縁覚、阿羅漢、菩薩、仏のように悟りを開いても、身体はまだ俗世にあり、動いたり休んだりする必要があり、万法の生死無常の理に支配されなくてはならないということである。そのため尼師は弟子の妄見に満ちた論理的思想を打ち砕くために、金剛経の偈を引用したのだ。私の直感では、尼師のこの答えを聞いてもその弟子はまだぼんやりと的を射られないで問題の本質をつかめず、心を開くことができなかったと思う。「静かに座っているのはどうでしょうか？」、「話さないのはどうでしょうか？」、それに対する答えで「昔からもともと歩いていません」、「教えにもともと言葉はありません」というのもその考え方に即している。全て因果の関係がある。「もともと歩いていない」というのは「静かに座っている」状態である。同じように、「教えにもともと言葉がない」というのは「無言」の状態であり、禅が常に説く「無言是道」と同じである。これは最高の静寂状態である。弟子の問いに答えるために尼師は常に変わりゆくことに答えるために不変のものを用いたのである。

最後に、今際の際に弟子に読んで聞かせた詩偈についてである。これは「示寂偈」として知られている。ベトナムの『禪苑集英語録』や『禪苑継燈録』、中国の『景徳傳燈録』のような伝燈書は、説話を収録する時に禅師は通常多くの詩偈を盛り込む。ここで妙因尼師の詩偈を精査してみよう。

生老病死，　　生老病死とは
自古常然。　　昔からの理である
欲求出離，　　そこから逃れようとすればするほど
解縛添纏。　　その理に縛られる
迷之求佛，　　迷いて仏に祈り
惑之求禪。　　戸惑いて天に祈る
禪佛不求，　　天も仏も望まず
杜口無言。　　言葉を無駄にするだけだ

最初の２文「生老病死　昔からの理である」で、尼師は人や人生、そして万法の生死無常という理を説いている。それは遥か昔からの理であり、もともとそうであったものだ。生まれたら死ぬ、ただそれだけであり、何にも変えることができないし、誰も逆らったり逃れたり、好きなように支配したり止めたりできない。重要なのは、それが自然の理であると気づけたから行者はゆったりと構え、その無常で変わりゆく理を受け入れる時に自在であることができ、迷いも恐れも感じないということである。

尼師より1世紀ほど前、萬行（？－1018）はこのような自在の精神を持っていた。今際の際に師は弟子に詩偈を聞かせ、後の世の人たちがその詩偈を「示弟子」と名付けた（経に書かれた偈（つまり重頌や諷頌）や示寂偈、悟道偈は通常名前がつけられていない）。

身如電影有還無,	*人の一生は儚く、現れては消える*
萬木春榮秋又枯。	*あらゆるものが春には生き生きとして、秋には乾き枯れる*
任運盛衰無怖畏,	*運に任せれば盛衰恐れるに足らず*
盛衰如露草頭鋪。	*盛衰は草露のようなものにすぎない*

この詩偈から、萬行禅師も『金剛経』の思想を深く理解していたことがわかる。万法の無常の理、客観的な現実世界の変化の理が詩偈に表れている。最初の一文は人の生死の理について述べている。その次の文は自然が移ろいゆく理について述べている。ここで重要なのは、行者がその理を悟り、「盛衰は運に任せる」ことを明確に理解する必要があるということである。理を悟って初めて行者は「無怖畏」（恐れがない）状態で平常心を保ち自由な精神であることができ、移ろい変わりゆく現実を前にしても勇気を出すことができる。仏は「悲、智、勇」という修行に励む者が得なければならない3つの特質を説いている。ここでは、客観的な理をはっきりと認識している最初の2文は「智」であり、平常心で恐れない態度の次の2文は「勇」である。人生における盛衰はあっという間に消えてしまうので、夜明けごろに草について光る露と何も変わらないのである！　上で紹介した萬行の詩偈にある思想は、『金剛経』の最後の詩偈に端を発する。

一切有為の法
夢幻泡影の如し
露の如しまた雷の如し
まさにかくの如き観を作すべし

（全てのものは夢のようで実体がなく、泡や鏡の中の姿のようだ、露のようで雷のようだ、そのような観念を持つべきだ）

圓照禅師(999 − 1090)とその示寂偈からも、萬行のように、般若経にある無常の理と空性、そして平常心と恐れない態度が表れている。

身如墻壁已頽時,
舉世匆匆孰不悲。
若達心空無色相,
色空隱現任推移。

(身は壁の如し、いつか崩れてしまう。世の人はせかせかとせわしなく、かわいそうなほどだ。心を無にして全てをなくせばその無は移り変わるのにまかせて消えたり表れたりする)

妙因尼師もそうである。彼女は客観的現実の移ろう無常の理を平常心と自在の精神をもって理解していた。

次に、詩偈が「そこから逃れようとすればするほど / その理に縛られる / 迷いて仏に祈り / 戸惑いて天に祈る」の下りで無の思想や、こだわりを徹底的に手放すことについて述べている点についてである。尼師は、願うということはこだわっていることであり、欲しがっているということであるから、行者が解脱を願えば願うほど俗世に縛られ、祈っても願いが成就されないのなら悩みや苦しみを生み出すと、考えている。尼師の考えでは、仏に熱心に祈る人は、多くの悩みや不安を抱いているから祈る人たちである。

禅家の解脱の精神についてさらに詳しく解説するために、陳仁宗の「山房漫興」という詩偈を引用する。

誰縛更將求解脫,
不凡何必覓神仙。
猿閑馬倦人應老,
依舊雲庄一榻禪。

(誰でも縛られると逃れたいと願うが、どの世においても仙人郷を探さなくて良い。猿は退屈し、馬は疲れ、人は老いる。古びた庵の寝床のように)

解脱とは、しがらみから解き放たれることだ。ここで陳仁宗は「自分が捕らわれていると感じるから解き放たれたいと願う。しかし、誰が彼らを縛ったのか?　誰も縛っていないのに解き放たれたいと願うのはなぜか!　感情が惑い我々を縛っているに過ぎないのだ。感情が湧き上がってくると、我々はそれを感じるが、すぐにそれは壊れていく。そして誰が自分を縛って逃れたいと願うのか？　感情は常にその場限りの偽りのものだと理解したら、我々はそれに従うべきではない。この境地にたどり着いたらすなわち自分は自らを解放したということになる。

禅家たち、そして尼師たちによると、行者がやるべき最も良い行いは「仏に祈ることなく、口を噤んで静かに座る」ことである。行者が人生の変易無常という理を理解するという智に達したなら、平常心と自在の精神が得られ、移ろいゆく変化を前に恐れず、動揺することもない。つまり勇が得られたのである。最後は言葉がない静寂の状態だ。「無言是道」である。自在の精神でもって理を悟り、解脱を得られ、見性して成仏できる。

まとめると、『禪苑集英語錄』の中の妙因尼師の言葉と示寂偈を読むと、尼師がベトナム仏教史上とても優れた尼僧であったことがわかる。彼女は般若経特に金剛般若波羅蜜経の空性と無の思想に深く精通していたのだ。

禅宗の歴史という観点から見ると、妙因尼師は、毘尼多流支派と無言通派の優れたベトナムの禅師たちが 68 の説話を記したベトナム禅宗の歴史資料において、唯一執筆を許された比丘尼である。尼師はその 68 人の高僧の一人なのである。このお姿は、後世の人たちが誇りに思い賞賛するに値する。

歴史文学という観点から見ると、現存する史料からわかる限りでは、尼師はベトナム文学史上初の女性作家である。尼師の詩偈は文学院によって全集『李・陳朝詩文』第 1 巻に収録されている。

参考文献

1, *Thiền uyển tập anh ngữ lục,* kí hiệu A 3144, bản in Vĩnh Thịnh năm thứ 11 (1715)(『禪苑集英語錄』、資料番号 A3144, 永盛 11 年(1715 年)版)

2. Viện Văn học (1977) , *Thơ văn Lý-Trần*, tập 1, NXB KHXH, HN.(文学院(1977)『李・陳朝詩文』、第 1 巻、社会科学出版]、ハノイ)

3. Viện Văn học (1988) , *Thơ văn Lý-Trần,* tập 2, NXB KHXH, HN.(文学院(1988)『李・陳朝詩文』、第 2 巻、社会科学出版]、ハノイ)

4. Quốc sử quán triều Lê, *Đại Việt sử kí toàn thư*, tập 1, bản dịch của Viện Sử học, Cao Huy Giu dịch Đào Duy Anh hiệu đính, chú giải và khảo chứng (1967), NXB KHXH, HN. (黎朝国史館『大越史記全書』、第 1 巻、史学院訳版、カオ・フイ・ズー訳、ダオ・ズイ・アイン校正・注・考証(1967)社会科学出版、ハノイ)

5. Báo điện tử Người đưa tin – Hội Luật gia Việt Nam, ngày 27/7/2013 và 04/8/2013 (電子新聞『報道者』ーベトナム弁護士会、2013 年 7 月 27 日、2013 年 8 月 4 日)

ベトナム人の仏母の起源におけるベトナム人女性のイメージ[1]

ディン・ヴィエット・ルック

仏教はインドから始まり、ベトナムを含む周辺諸国に大きな影響を与えた。仏教は紀元後間もない頃からベトナムの人々の生活や精神文化に特筆すべき貢献をした。そのときから仏教は、民族独立の戦い、祖国の維持発展、北方の大漢の南部侵攻に抵抗する上で大きな貢献をしてきた。

独立を勝ち取ったあと、ベトナムの封建王朝は代々仏教思想を基盤として政権を構築してきた。仏教は国教になり、李・陳朝期(10 ～ 15 世紀)には強大な影響力を持っていた。そのなかでベトナムの女性たちは少なからぬ貢献を果たしてきた。民族の女傑たちに送られる賞賛の声は、日常生活だけではなく、伝承の神話や宗教のなかにも聞かれる。徴姉妹、婆趙、仙容のような民族の英雄や祖国に貢献した者たちを祀る祠があり、その祠には三座四府という考え方で、上天第一母、上岸第二母、水宮第三母が祀られる。初期の頃のベトナム寺院で祀られる聖母のイメージは、雲法仏、雨法仏、雷法仏、電法仏すなわち雲、雨、雷鳴、雷光の神であり、これはベトナムの水耕農業の生活に関係する自然の神を信仰する思想である。

1. ベトナム仏教教理の思想の起源におけるベトナム女性のイメージ

紀元直後、ベトナム民族は母系制度を取っていて、農耕や桑の栽培 ... など自然の気候にしたがって生活していた。当時の人々は神々が農業の発展のために雲、雨、雷鳴、雷光を起こしていると信じていた。この神々は定期的に雨を降らせ、ちょうど良い風を吹かせ、人々から熱心な信仰を集めていた。順天の思想(天に従えば生きられ、逆らえば死ぬ)は、人々の思想の中に常にあった。季節外れの天気になったり干ばつに見舞われたりすると、その度に民衆や王は祈祷団を結成し、雨が降り良い風が吹くように祈った。そして雨が降ると天地(父なる天、母なる大地)が、人々の生活を飢えがないようにお守りくださったことに感謝する祈祷団を結成した。

伝説や *Phật giáo Việt Nam từ Khởi Nguyên đến 1981” [紀元から 1981 年までのベトナム仏教]* ー文学出版社(2012)で言及されている『古珠法本行』によると、ドゥオン川北岸にリンクアン寺があり、ファットティック社に丘陀羅(カンド

1　博士、ハノイ内務大学。

ラ)というインドの僧がおり、この地に来て修行や説法をするための草庵を建てた。ドゥオン川の岸には修定という家族がおり、女の子が生まれて蠻娘と名付けた。蠻娘は丘陀羅の法力に感銘を受けた両親に育てられ、大きくなると師の元へ修行に出された。ある日、丘陀羅が説法をして戻ると、蠻娘が自分の部屋の前で死んだように眠っているのを見かけた。師がうっかりまたぐと蠻娘は子を身ごもった。蠻娘はこのことを両親に話すと、両親は娘のことを哀れんで、寺に赴いて丘陀羅を責めた。師は夫婦にかける慰めの言葉を探した。しばらくして、蠻娘は女の子を産んだ。蠻娘は子供を抱いて寺に赴いた。丘陀羅は子供を榕樹の根元においた。数年後、嵐によって榕樹が倒れて川に流されてしまった。岸に流されてこれ以上動けなくなると、村の男が竿を使って押し出した。木は再び流されて、ちょうどそのとき蠻娘が川岸に出てきた。榕樹はまるで母親が迎えに来てくれたことを喜ぶ子供のように水の中で枝葉を揺らした …。

当時の我が国の状況に話を戻すと、当時の交州は北方の封建制度に支配されていた。交州の太守官の士燮がこの話を耳にして、民衆の信心を知るやいなや榕樹を陶氏の職人たちに引き渡して 4 つの像(四法)を彫るよう命じた。それが出来上がると士燮は開光式を執り行い、号を名付けて、法力を備えた者に像へ魂を吹き込ませた。第一の像は、儀式のとき寺に五色の雲が現れたので雲法と名付けられた。現在は法雲寺(延應寺、ザウ寺とも呼ばれる)に祀られている。第二の像は、像を祠に収めるときに大雨が降ったので雨法と名付けられた。現在は成道寺(仏雨寺、ダウ寺とも呼ばれる)に祀られている。第三の像は、儀式のとき嵐が起きて雷鳴が轟いたので雷法と名付けられ、フィートゥオン寺に祀られている。第四の像は、儀式のときに雷光が閃いたので電法と名付けられ、トゥオンクアン寺(ザン寺とも呼ばれる)に祀られている。

Lịch sử Phật giáo Việt Nam tập 1 – NXB Tổng hợp TP Hồ Chí Minh, p.142(『ベトナム仏教の歴史』第 1 巻－ホーチミン市総合出版社、p.142)によると、蠻娘が 80 歳くらいになったとき、その木が倒れてしまい、川に流されて寺の前に流れ着いたあと、寺の周りを回って離れなかった。人々がこぞって薪にしようとしたが、斧も鎚も壊れてしまった。そこで村の 300 人以上が集まって引っ張ろうとしたが、全く動かせなかった。蠻娘が手を洗いに岸に出たときに試しに揺すってみると、木はすぐに動いた。みんな驚き、これ幸いと蠻娘に岸へ引っ張り上げるように言った。僧と蠻娘は木彫り職人を呼んで 4 つの像を作らせた。

木を切っていると、子供を置いた場所である三番目の節にあたり、そこがとても硬い岩に変化して、職人の斧や鎚が全部壊れてしまった。深い谷に岩を捨てると、岩は明るい閃光を放ってから水に沈んでいった。職人たちはみんな倒れて死んでしまった。すぐに蠻娘を招いて礼拝を行い、村人に投網ですくい上げるよう頼み、金を貼り付けて祭壇に収めた。闍梨は４つの仏像に*雲仏*、*雨仏*、*雷仏*、*電仏*と名付けた。四仏に雨乞いをすると成就しないときはなく、蠻娘を仏母と呼んだ。４月８日、蠻娘は老衰で亡くなり、遺体は寺で埋葬された。人々はその日を仏の誕生日として、毎年その日になると、老若男女が四方から寺に集まり、歌ったり踊ったり楽器を奏でたりするようになった。これは「灌仏会」と呼ばれ、現在でも行われている。

全て仏壇があるので、四仏が収められているのは寺だとみなすことができる。これらの寺は、仏壇の前に四仏の祭壇が寺の中央（上宮 / 主宮）に置かれているという特徴がある。

これは特徴的な様式で、紅河デルタの*「先聖後仏」*様式に則った四仏を持つ寺だけに見られる仏像の安置方法である。

その当時のベトナム人の信仰は、自然信仰（自然現象を擬人化すること）だと言うことができて、それによって、*雲*、*雨*、*雷鳴*、*雷光の神*が生まれた。仏教がベトナムに入ってきて、神々が仏教化して*雲仏*、*雨仏*、*雷仏*、*電仏*になった。

ベトナムの母（蠻娘）は仏母になり、母は４人の子を産んだ。それがバーザウ、バーダウ、バーザン、バートゥオン（四法）である。仏母は修定夫婦の家の跡に建てられたトー寺（現在のバクニン省）に祀られている。

蠻娘が祀られているトー寺、雲仏、雨仏、雷仏、電仏がそれぞれ祀られている寺は桑畑にあり、これらの寺は我が国で最も古い寺で仏教の中心地と言える。この地は多くの名僧が主管して仏法修行を励んだ。

ベトナムの封建時代の歴代王朝は、このいにしえの仏教の中心地を何度も修繕して後世に引き継いで、民衆や多くの世代の芸術家が真心を込めて修繕し、像を彫り、寺を建て、木を育て、井戸を掘り、主管してきた。この地の寺の景観に彩りを添えてきたことで、民族にとって歴史的価値のある霊験あらたかな芸術文化遺産になった。

2. 儀礼祭祀における雲仏の超越したイメージ

Lịch sử Phật giáo Việt Nam tập 1 – NXB Tổng hợp TP Hồ Chí Minh, pp.135-136（『ベトナム仏教の歴史』第 1 巻－ホーチミン市総合出版社、pp.135-136）に以下のように記されている：

「黎朝初期の頃になると、民族の中の仏教の基盤が強固で勢いあるものになり、礼拝や祭祀のために雲仏は何度もハノイに迎えられた。」

正史には､雲仏は李仁宗が即位してすぐの頃の 1073 年に初めて登場した。『大越史記全書』第 3 巻 6b8 に「癸丑太寧二年、そのとき長雨が降っていて、雲仏を都に迎えて雨が止むように祈った（癸丑太寧二年、淫雨迎法雲佛赴京祈晴。）」という記述がある。

この事実は後に『欽定越史通鑑綱目』3 巻、31b6 に「癸丑太寧二年、雨が長く降り続いていて､王は雨を止ませるために雲法寺で祈祷を行うよう命令した（癸丑仁宗皇帝太寧二年、淫雨不止、帝命祠晴雩法雲寺）」と書かれている。

しかし、『大越史略』第 2 巻 15a7 によると、この事実は李仁宗が即位したばかりの壬子太寧元年（1072 年）のことだと書かれている：「秋、7 月［…］仏法雲を都に迎え雨が止むように祈った（秋、七月［…］迎法雲仏赴京師祠晴）」。この記述は完全に『古珠法雲本行語録』13b-3 の以下の記述と一致する：「李仁宗は新年に即位した、秋、雨がひと月以上続き、王は仏法雲を報天寺に迎えた、国王は自ら雨が止むよう祈祷した（李仁宗即位之年 , 秋、久雨連月、王命迎仏赴報天寺、国王親臨 , 礼拝、乞晴）」。

このように、儀礼祭祀を行うときの雲仏の超越したイメージは封建時代の歴代の王、僧侶、民衆の心の中に常にあったことがわかる。

3. 四法の寺における建築様式と彫刻

四法の寺の 2 世紀ごろの起源の面影は、現在ははっきりしていないが、自然の神を祀る祠というほうが正しいだろう。仏教がベトナムに伝播した後にこれらは寺院になった。我々に四法の寺院に共通する面影を見せてくれる陳朝（13 － 14 世紀）の建築様式の痕跡が残っているところが 2 箇所ある。それはザウ寺（バクニン省トゥアンタイン県）とタイラック寺（フンイエン県ヴァンラム県）である。残っている寺の構造を見ると、中心に方形の建築物があり、真ん中に四法の像が安置されている。後に「内工外国」として発展した四法の仏壇を構成する様式で、「先聖後仏」とも呼ばれる建築様式である。それは17世紀の紅河デルタでよく見られる寺院の様式である。

四法の像はいつも祭壇の中心に安置されていて、後ろには丘陀羅の像がある。この像は四法の像が祭祀で祭壇から動かされるときに代わりに置かれる。前には徳聖載(四法の子供)の像があり、祭祀で母の前に担がれていく。両側には金童玉女の像がある。四法の像の隣には聖なる石(光石柱)が置かれている。仏像の数は寺ごとの経済能力や考え方に依拠しており、少ないところもあれば多いところもあるし、地方の守り神が追加されている時もある。しかし、人々は四法の中で主たる寺(法雲寺もしくは法雨寺であることが多い)に関心を寄せていることが多い。このように四法信仰のシンボルはかなり簡素で、修行や祈祷、農業や日常生活における丘陀羅と宇宙の神々(雲－雨－雷鳴－雷光)の神秘的な関係を表している。

4. 問題提起

a. 昔、四法信仰は紅河デルタのいたるところで信仰されていた。今日では、ハイズオン省、バクニン省、フンイエン省、旧ハタイ省の一部の地域にのみ残っているだけである。四法を祀る地域では雲－雨－雷鳴－雷光の神と像を祀り、一緒に他の仏像も祀られているので、大きな史跡となっている。四法の祭りは「地域の祭り」であり、通常12の村が一緒に行う。バクニン省では毎年旧暦4月8日に、フンイエン省では旧暦1月17日に … というように行われる。祭りは定期的に雨が降り良い風が吹いてほしいという願いが反映されていて、豊作の祈願や、人間が自然と調和し、その自然を守っていけるようにと祈りが捧げられる(現在、農地面積は減少傾向にある)。このような祭りが子孫に引き継がれるように保護される必要があると我々は感じる。社会主義化した工業を発展させるために国中の田畑で日々わずかずつの収穫しかなく、農業が衰退して祖先の「農為本」の意味が薄れゆき、国中の農民が他の職業に乗り換えるために根本的で高尚な祖先の職業を捨てつつあるときにこそより重要である(2020年までに、我が国は政府の方針で工業国の仲間入りを果たそうとしている)。

b. 研究の過程で、阮朝期にいくつかの像が粘土で作られていることがわかる。これらは特徴的で貴重な芸術品である。しかし、厳しい気候や長く続いた戦争そして富裕層による文化の革新によって、粘土製の仏像は別の材料(石、銅、木など)で作り変えるために壊されていった。粘土製の像の消滅はこの価値ある芸術の消滅を引き起こし、我々は芸術的および歴史的に価値のある仏教彫刻芸術品を失うことになる。そのため、研究者、遺跡管理者、ベトナム仏教教会は民族のために粘土性の像を保全していくために現実に即した措置を講じる必要がある。特に紅河デルタ地域の四法の寺にある土像を保全すべきである。

c. 1975年の南部の完全解放まで、紅河デルタ地域の寺社は白く塗られた菩薩観世音を三寶の前に安置することが多かった。羅漢または阿弥陀など18体の像を並べているところも多い。この白い像は寺に人々が足を踏み入れた瞬間に心の平静をなくす強い力があり、禅の精神として昔の人が唱えた心識静寂に反するものである。特に四法の寺では大きな白い像が外装として用いられるほど四法*(雲−雨−雷鳴−雷光)*の大切なイメージが損なわれるのである。

ベトナム人の独創的な寺院は自然の神を祀るところから始まり、その後仏教化した。これは土着の民間信仰と外来の宗教が融合したものであり、人々の心を安らげるために祖先たちが行った優れた融合である(浄心、平心、安心)。そのため、専門家や遺産管理者の意見が必要で、特にベトナム仏教教会は、かつてベトナム人の仏教の伝統の中には起こったことがなかったこの状況に対して積極的に取り組むべきである。現代の寺院は「寺を高く建て、像を大きく作る」傾向にあるが、仏像に込められた意味、昔の人々の思いや生活も詳細に継承していくために紐解いていく必要があり、子孫の世代につないでいくことによって先人や神々に対して間違いを犯さずにすむだろう。

結論

四法の寺の彫刻と建築は、古い遺産であり、様々な面で、特に芸術と歴史の面で価値がある。これらは土着の民間信仰と外来の宗教が融合したことを示す証拠品である。建築の面では、仏像の彫刻芸術がベトナム仏教の起源におけるベトナム女性のイメージを伝えている。紅河デルタ地域の四法を祀る寺は全てあらゆる面で高い価値を持つ。我々は民族のためにそれらを敬い、保全していかなければならない。

参考文献

1. Viện Nghiên cứu Phật học Việt Nam, Lê Mạnh Thát (2006), *Lịch sử Phật giáo Việt Nam từ khởi nguyên đến thời Lý Nam Đế* - tập 1, NXB Tổng hợp Thành phố Hồ Chí Minh（ベトナム仏教学研究院、レー・マイン・タット(2006)『起源から李南帝までのベトナム仏教の歴史』第1巻、ホーチミン市総合出版社）

2. Bồ Đề Tân Thanh, Nguyễn Đại Đồng (2012), *Phật giáo Việt Nam từ khởi nguyên đến 1981*, NXB Văn học（ボー・デー・タン・タイン、グエン・ダイ・ドン(2012)『起源から1981年までのベトナム仏教』文学出版社）

3. Nguyễn Mạnh Cường (2000), *Chùa Dâu – Tứ Pháp và hệ thống các chùa Tứ Pháp,* NXB Khoa học Xã hội, ハノイ(グエン・マイン・クオン(2000)『ザウ寺ー四法と四法の寺の仕組み』社会科学出版社、ハノイ）

4. Đỗ Hoàng Tuyền (Chủ biên), Nguyễn Đức Lữ, Nguyễn Quang Khải, Trương Đình Dũng, Phước Đình, Phước Hạnh (2011), *Chùa Việt Nam tiêu biểu*, NXB Tôn Giáo（ドー・ホアン・トゥエン(主編)グエン・ドゥック・ルー、グエン・クアン・カイ、チュオン・ディン・ズン、フォック・ディン、フォック・ハイン(2011)『代表的なベトナムの寺院』宗教出版社）

5. Đinh Viết Lực (2007), *Tài liệu điền dã Chùa Dâu (Thuận Thành – Bắc Ninh)*(ディン・ヴィエット・ルック(2007)ザウ寺フィールドノート(バクニン省ートゥアンタイン県）

文学と日常生活における仏母の面影

ルオン・ミン・チュン[1]

要約

遺跡における仏母の価値を考察して、文学が大きく変化した時期を観察する視野を広げると、地域社会に対応する芸術家の姿が見て取れると同時に、芸術家たちが仏教という光のもとにおけるベトナム文化の多彩さを説明していることがわかる。実証的に、現代における仏母の魅力について研究する。

本稿は、仏教の世界にはどのような人物がいるのか考察することを目的とせず、昔のベトナムの生活における女性、芸術家たちの創作に対する熱意がもたらした成果、あらゆる面で実存するものの捉え方に着目する。筆を取るとき、作家は常に２つの立場に立つことになる：1／新しいものを生み出したいと強く願う芸術家としての立場；2／世の中や人間の人生一般そして自身の人生の苦悩について人々に代わって声を上げる知識人；すなわち神聖で永遠の世界への橋となる存在であり、宗教と生活を融合して社会が日増しに発展していくのを助ける存在である。なぜ女性は生活の中でこのように仏教と関連が深いのであろうか？　信仰の世界には仏母がいるからである。次第に、慈悲の心、博愛精神、寛容な品性のような概念が女性性と結びつき、強固で長く続く価値観となった。女性の中でも女性仏教徒は神聖で徳が高く、敬うべき人々である。

1. ベトナム人の日常的精神文化における仏母

中国人のように仏教を信心していなくても、ベトナム人は昇龍の地の周りで「南に橋、北に寺、ドアイ[2]に亭[3]」または「男は亭、女は寺」と言われるような独自の文化の礎を築いてきた。ベトナム仏教発祥の地、昔の羸婁ー龍編で足を止めると、京北地方は亭、寺、廟の発祥地というだけではなく、圓照、倥路、萬行、玄光のような得道した修行者の名前でも有名である。京北地方の人々は自分たちの地域の信仰に誇りを持っている：「一番はドンカンの亭、二番はバンの亭、ジエムの亭も美しい」、しかし寺院と仏母こそがこの地域の「特産」なのである。ティエウ寺(トゥーソン市社)、ザウ寺、ブットタップ寺(トゥアンタイン県)、

1　博士、バリアーヴンタウ大学

2　訳者注：旧ソンタイ省のあたりを指す。

3　地域の大きな集会所、祭礼所。

ファットティック寺(ティエンズー県)、ハムロン寺(クエヴォー県)、ヴィンギエム寺(イエンズン県) … など古くからある寺社は、各々の地域と深く関わりがあり、ホン川流域で最も栄えた肥沃な地に彩りを添えた。

長い歴史の中で、仏教は川や海に沿って京北地方や昇龍の地に入ってきて普及し、土着の文化と交わり融合していった。蠻娘仏母はひとつの例である。『嶺南摭怪』で陳世法が、蠻娘の伝説、丘陀羅とベトナムの娘の悟了の逸話を記している。蠻娘は、雲法、雨法、雷法、電法のような仏母を生み出した神である。四法仏母は起源直後に誕生したと考えられている。13 ～ 14 世紀ごろになり、インドの仏教と土着の母神信仰が融合した：「我が国に仏教が流入する過程で仏教は民間化する方向で発展していき、仏教と母神信仰は互いに深いところまで影響しあった」[4, 36]。四法仏母は農耕民族にとっての雲、雨、雷鳴、雷光を表象する存在である。

ベトナム人は、豊作や適度な雨や良い風、満ち足りた生活や幸福を願って仏母に祈る。四法は人々の「天に願う」心理をはっきりと表しているが、同時に農民の自然に対する対処や負けないようにする経験をも含んでいる。それだけではなく、四法は李朝・陳朝と関係が深く、王たちは仏教を国教と定め、国土や文化の発展に寄与した。これらの王朝は歴史上繁栄した王朝である。換言すると、仏教全体も仏母も国が隆盛した時期に大きく発達したのであり、すなわち 1000 年に及ぶ北属時代の後の文化振興政策と関係している。仏母は団結精神の化身であり、昔の人々の柔和な考え方の化身である。農村の人々は寺に赴いて幸福を祈り、繁栄を祈り、仏の庇護を欲し、災いが絶えない社会での安寧を欲した。

16 世紀になって絶対君主制が広がり、統治者の厳しい指導によってベトナム人は再び母神信仰に戻った。封建時代では女性の地位は低く見られ、権利が曖昧であることも普通だった。しかし、本来の民間の考え方では、女性は男性と平等の地位であった。もちろん男性像と女性像は常に互いに補い合っているが、生産に関わることは女性の側だった。母神のイメージからは大きな自己犠牲、庇護と安寧を与える役割が連想される。ここでは、降霊の役割を教理や慣習で与えられて権威づけされ、仏教の影響下で女性については言及しない。母神信仰における母神は「乳母」とも呼ばれ、男性のような猪突猛進な力強さとは違い、忍耐強く物腰が柔らかい品性が顕著で、自己犠牲の精神と寛容さを持ち合わせている。人々から慕い敬われ、祭壇の中央に据えられる女性が柳杏仏母である。この仏母は2つの概念を持ち合わせている：幸運と美しさである。まず、仏母の生涯から「善行は自身の人生を助ける」という仏の教えが読み取れるということ、次に、天、土、水、森という自然の4つの世界を安らかに守っていくということである。

それから、歴史上の皇后、王妃、宮姫、宮嬪たちの寺院建立のための惜しみない貢献に触れなければならない。具体的には、鄭氏玉竹、黎氏玉縁、倚蘭、鄧氏惠、陳氏玉鶴などである。祖国への貢献、故郷への慈悲深い思いは人々によって刻まれ、1年を通して崇め奉られている。そして、文化交流における特筆すべき象徴、限りない視野と無限の博愛心の結晶が千の目と千の手を持つ仏母である。忍耐と慈悲の心が人々の間に広がり、千の目と手が卓越した知恵や全てに対する救済を表している。中心にある8つの顔を観察すると、京北の職人がそれぞれの顔に、慎み深さ、勇ましさ、歓喜、深い悲しみ ... といった人生における感情を創り上げたことがわかる4本、8本、12本の手を持つ仏母のイメージを中国人が持っているとしたら、千の目、千の手を持つのはベトナム人独自のイメージである。これは俗界の辛苦を全て照らす後光であり、悪霊を追い払いたいという願いであり、あらゆる衆生を救済する修行の道である。

上記の「母なる人」たちを考察すると、時間の流れに沿って女性性にまつわる文化の一端をつぶさに見て取れ、仏教の精神とベトナム人の伝統的価値観である「人を思いやる」という哲学の融和性を深く知ることができる。仏教の教えは、建築物、絵画、彫刻、音楽など様々な方面で結実したが、最も色濃く刻まれているのは置かれた境遇での愛情、庇護の思いを抱くことである。

2. 芸術家の創作のモチベーションにみられる仏母の影

作家という職業は人類発展の過程の上に美を創造するものだ。創造は最も高尚で、最も作家の本分をよく表した行為である。自身を深掘りしたときにだけ、自身を知り、自分の存在を社会の輪の中の一つとみなし、今の状況を乗り越える力が湧いてくる。彼らの真の創造行為とは怒りや迷いを乗り越えて、それは品性を磨き上げていく過程のようなものだ。明確に言語化されているわけではないが、仏に帰依した女性たちが個人と国としての真善美という価値概念を作り上げてきたことから、人を思いやる哲学と仏教の慈悲の哲学の出会いを感じることができる。

封建社会の女性たちは純真で、蠻娘のように仏道に自らを捧げると思いがけず濡れ衣を着せられることがあってもなお「信仰する」心に誠実だった。おそらく、生きている人の数だけ女性に襲いかかる辛さが秘められているのだろう。陳世法にせよ、インドの仏教と土着の民間信仰が「交わる」ことで、女性と子供が最も虐げられてきたという理解を示している。もちろん、彼は人々を苦しめることを終わらせる方向で考えて、この民間伝承から人の振る舞いに関する学びを数多く残した。

戦争という逆境における女性について関連するところで言うと、阮與の『傳奇漫錄』は虚実の間を繋いだ著作である。20 編の短編小説は 16 世紀のベトナム社会を反映したもので、『少女南昌の話』（9 年生教材）は美しく心優しいが人生の拠り所を見つけられないでいる武娘という女性を称えている。問題は、混乱の時代の戦争においても人間は公平な世の中を望み、従順であれば幸運に恵まれるという因果律を信じているということだ。著者は武娘を殺さずに、不死と永遠の仏の道に入らせた。

『金雲翹』で阮攸は「善根」と「心の字は才の字三つと等しい」について記している。心の字との相関関係に「孝」の字を出して、阮攸は人間の道徳に関して新たな見方を示した。研究者のチャン・ディン・スーは阮攸が「世俗の心」や「儒教に明るい心」を持っていたことを詳細に主張する [3]。すなわち、純粋で高尚な、ありふれたものではなく飛び抜けた世俗の心である。翠翹は孝行のために身を売り、仁義のために婚約者を譲り、人の縁のために庵を訪れた。ここでの「心」は、おそらくある面では仏教の無我の精神、執着しない精神、無差別の精神である。しかし、翠翹の 15 年に渡る流浪の旅路が肉体的な苦痛と精神的な苦悩に満ちており、だれがその傷を癒し、だれがその気持ちを受け止められたのかを示しているとも見て取れる。それが両手を広げて「心優しい」娘を迎え入れた覚縁で、礼儀というものは人類の心でなければならないと説いた尼僧である。翠翹にとって一心に修行に打ち込むことは、ほんの少し禅定を行うことで苦しみから逃れることを意味した。彼女は仏の超越した力を理解してはいなかったが、ともかく阮攸は過酷な運命から逃れる戸口を開いたのである。例えば、翠翹が宦姐に売春宿から連れてこられたときには、招隠庵が身を隠すことができる砂漠のオアシス、安心できる逃げ場になった。

『衆生十類祭文』にも、男性だけでなく労働者一般が「かつぎ棒を担いで肩の色が変わっている」様子や早死にする赤子の姿が見て取れる。阮攸は、激動の興亡を繰り返す時代に生きた「蘭のすだれや月下香の蚊帳」の部屋にいる足腰が弱く手も柔らかい貴族の女性にも言及している。祭文は苦しみを分かち合い、浄土へ渡った人たちへ「仏陀の慈悲を末長く願う／嘆きを解決して苦しむ魂が救われ西方に渡る」祈りを捧げるだけではなく、「女性が背負った運命の苦しみ／なぜ今世はこのように生まれついたのか、知る由もない」という女性の過酷な運命に対する嘆きの声もあるのである。換言すると、これは孤独な魂を救済する言葉で、苦難に満ちた人生でできた無数の傷跡を癒す為の他者を思いやる祈りである。

人間の運命に心を痛める声は、中世から現代にかけて受け継がれてきており、傘沱は「道端の墓参り」という詩を通して多くの問いを立てている。このいろんな意味で解釈できる美しい一節を満足させる答えを見つけるのはとても難しいが、参考として俗世を超えた儒家の視点、辛苦の経験と思い、水面に漂うような水草のような混乱した時代の女性たちの嘆きを取り上げたい。傘沱の目には、故郷とは現実に存在するだけではなく、人々の心の中にある世界にもある。多くの作品を通して見られるこの詩人の視点には、仏教が持つ人を慈しむ摂理が融合している。

どの時代においても文学は常に良識の声であるが、人々が予期せぬ境遇に見舞われ軽んぜられて泥の中に突き落とされたときに初めて衆生を救済して庇護する創作物が、時代に応じて常に生まれると言える。文学は仏教の光の下にいる女性たちのことを欲界、色界を超えて無色界まで伸びる蓮の花のように描くのがしきたりであると言える。そのしきたりは読み手に知的、感情的、審美的満足感をもたらす。研究者のレー・ゴック・チャー氏が「文章では喜びや祝福の言葉よりも痛みや悲しみの方が後世に残りやすいようである」[5, 26]と指摘するように、そのしきたりによって読み手は、何が醜いのか、悪であるのか、非文化的であるのか、反文化的であるのかを自覚して見極めて理解することができる。

ここまで文章と実生活を区別せずに争いや矛盾、文化の軋轢が絶えない時代の人々に貢献する芸術家の気概とその言葉を通して描かれる女性について述べてきた。現代文学では生活における仏母の支配が確立されている途上で形になっていないため、現代文学には触れなかった。現代ベトナム人の精神文化生活における仏母の変遷の分析も関心を持たれるべきことである。

3. 現代における仏母の支配

仏道の基本的な精神は衆生が苦しみの原因を理解するのを手助け、修行と解脱の道へ導くことである。仏道は、欲を殺し、出家し、欲望の灯火を消し、慈心の鍛錬によって肉体の要求に打ち勝ち、知恵を広げ、解脱して悟りを得て涅槃の安楽を得ようと主張する。ここであげた事柄を実際に実践するのは、誰でもない仏教徒である。仏教徒の世界はとても多様で、立場や階級や男女を区別しないが、仏母の響きをここに描き出すことは、ベトナム人の民間文化の流れにある女性を尊ぶ伝統に合致するものであろう。

禅寺を見ると、様々な年代の人が集まっていることに気づく。若い女性だけでなく、中年や老年の男女もいて、女性は常にかなりの割合を占める。ベトナム人は、濁りを避け清らかでありたいという願いとともに寺を訪れ、安寧の拠り所や精神が寛げる場所を探す。そこで、時代を超えた生老病死という課題に深く冷静に向き合う。ベトナムの禅寺は「極権狂信」（ファム・ドゥック・ズオンによる表現）がなく、人々の生活と密接な存在である。大都市に位置する寺でさえ質素であることを是とする道徳心を失っていない。仏のもとを訪れるとき、いつも人々は魂がより磨かれて豊かになる。神聖で高潔な聖善の息吹で自身の心を清めるのである。

葬列の僧団では女性が男性よりも多いことに誰でもすぐ気がつくだろう。女性は常に先を行き、男性は後から仏具を担ぐ役割を担う。この時、男性の影はとても薄くなり、儀礼の準備の際にはどことなく頼りない気さえする。ベトナム人のコミュニティーでは、男性は重労働の役割を引き受け、「家を築く」上での大黒柱として家族を養い、一方の女性は細かく気を配って「暖かな家庭を築く」ために辛抱を重ね、その仕事に終わりはない。信念や平等の拠り所を見つける過程で、女性は寺が気持ちを分かち合いやすい場所で善良な者あるいは行いを悔いて自らを改めようとする者の場所であると気づいた。市場制度のもと、競争原理や実生活の圧力にさらされて生き残るために互いを押し退けたり、「肉体の快楽に自らを落とそうとする」[2, 201]誘惑があったりすることが、女性たちに爽やかで純潔な修行の場所を必要とさせる。仏弟子のコミュニティーに入ると、人は平等で民主的で自由な瞬間を享受できるのである。

また、ベトナム人には「福賢在母」[4]という言葉がある。そのため、女性が寺を訪れるのは、後世のために徳を積み、「進むべき道を照らす松明を得て」、「救済を求めて」、仏門に「福と徳」の種を撒く方法の一つなのである。そうすることで、彼女らの願いと行いが習慣となり、同時に社会や家族に幸福が増える。祖国の古の霊を伴って未来へ進んでいくのである。別の角度から見ると、お参りするための祠を建てて仏をお迎えするのは、女性が考え出したことである。男性をそれ見て次第に真似をするようになった。仏母の面影が今昔のベトナムの文化と生活のあらゆる面でその影響が広がっていることは明らかである。なぜ仏教がわが国に入ってきてこれほどまでに惹きつける力を持ち、重要な役割を担うようになったか、仏母の面影がなぜここまで大きく広がり、社会生活に残り続けているのかが理解できる。それは、宗教は歴史上の人物の化身というべきものであるが、人生と仏法が密接になることで、生活はより詩的なものになっていくからである。

ここまで、深い価値を持ったイメージから、作家の悩みや情熱を通した仏母の精神を説明してきた。同時に、人文文化におけるベトナム人の質素で誠実な接し方も見えてきた。グローバル化、情報化する時代において、宗教は人間の切なる望みに対して重要な意味と役割を持っている。しかし、仏母の御光における女性たちへの称賛、重要性、理解と彼女たちの精神生活が淳風美俗を維持し、民族と人類の発展を促したことは認めなければならない。

4　訳者注：子孫の幸福は母の行いにかかっているという意味の言葉。

参考文献

1. Đoàn Trung Còn (2011), *Lịch sử nhà Phật,* NXB Tôn Giáo, Hà Nội, tr.178（ドアン・チュン・コン（2011）『仏家の歴史』宗教出版社、ハノイ、p.178）

2. Thích Nhất Hạnh (2006), *Đường xưa mây trắng,* NXB Văn hoá Sài Gòn, Thành Phố Hồ Chí Minh, tr. 201（ティック・ニャット・ハン（2006）『古の道、白い雲』サイゴン文化出版社、ホーチミン市、p.201）

3. Trần Đình Sử, Chữ *Tâm trong Truyện Kiều*, https://trandinhsu.wordpress.com（チャン・ディン・スー『翹伝における心の字』https://trandinhsu.wordpress.com）

4. Ngô Đức Thịnh (2009), *Đạo Mẫu Việt Nam* - Tập 1, NXB Tôn Giáo, Hà Nội, tr.36.（ゴー・ドゥック・ティン（2009）『ベトナムの母道教 — 第 1 巻』宗教出版社、ハノイ、p.36）

5. Lê Ngọc Trà (2007), *Văn chương thẩm mĩ và văn hoá*, NXB Giáo dục, Thành Phố Hồ Chí Minh, tr.26（レー・ゴック・チャー（2007）『文章と審美と文化』教育出版社、ホーチミン市、p.26）

バーダイン寺はバー寺か？　インド文化におけるラージャ・ガウリ女神像とベトナム文化におけるバーダイン像を通じた女性的神威（シャクティ）の研究

ディン・ホン・ハイ[1]

摘要

中華、インド、そして西洋の大文明との文化的接触の過程において、ベトナム文化は外部の文明から多くの価値ある文化的要素を取り入れ、自らの文化を豊かにしてきた。しかし、外部の文明の中には、重要でありながらベトナム文化には入ってこなかった文化的要素もある。あるいは、もしそれらがベトナム文化の中にも存在しているとしても、変質を余儀なくされ、ベトナム人の現地の価値観に溶け込んでしまったと考えられる。さらに、大越（ベトナム）の文化に何世紀もの間存在し続けたにもかかわらず相反する思想体系によって駆逐された文化的要素も存在するであろう。インド文化におけるラージャ・ガウリ女神像とその大越への流入はそのような文化的交流の象徴的な証左である。当研究は、インド文化におけるラージャ・ガウリ像とベトナム文化におけるバーダイン像との比較研究を通して、全ての文化に普遍的に存在する現象、すなわち社会並びに宗教における女性の役割について述べる。

1. インドにおける女性的神威（シャクティ）

中国あるいはベトナムのような儒教の影響の色濃い社会における女性の役割については、伝統的な女性の特徴的なイメージとして、公－容－言－行という徳性[2]についてよく耳にする。現代社会（封建時代の後から1986年のドイモイ政策の前まで）においては、このような価値観は「国の仕事に長け、家の仕事もこなす」という言葉に取って代わられた。ここに端的に見て取れるように、社会的な役割について女性は尊重され、称揚されている。しかし一方、宗教的な役割については、男性からの圧力の前で霞んでいるように見える。「門戸開放」

1　博士、ハノイ人文社会科学大学、国家大学

2　訳注　四徳と言われる女性が備えるべきであるとされた徳目。公は家事から詩歌、歌舞音曲にいたるまでを上手にこなせること。容は常に身なりに気をつけ小綺麗にしておくこと。言は言葉、話し方を優美に、柔らかくしておくこと。行は家の内外で正しい行いをできるよう気をつけること。

から現在までの時代においては、西洋文化の強い影響、特に男女平等[3]の考えによって、社会における女性の役割は随分と尊重されるようになった。しかし、宗教における女性の役割については、現在に至るまで未だに変化は見られないようである。

中国やベトナムにおける儒教社会に対し、ヒンドゥー教における女性の役割は極めて具体的かつ明らかな形で女性的神威（ヒンドゥー語ではシャクティ）[4]と呼ばれるイメージ化されたある種の権能によって表現されている。「シャクティとはヒンドゥー教の概念で、神々の神聖な力、あるいは宇宙の根本的な力を指し、魔力を払い宇宙にバランスをもたらすものとされる。ほとんどの場合シャクティは女神の姿を通して表現され、創造と豊穣の力を象徴する。しかし、男神はそれぞれ独自のシャクティを持つ必要があり、それは配偶者としての一柱の女神に属するものである。もしシャクティを失うならば、その男神は権力を失ったと見做される[5]」。このように、女性的神威は一種の超自然的な権能であり、姿を変えて、女神を通じ神聖な力を行き渡らせる[6]。

インドの文化においては、女性的神威はラクシュミ、サラスヴァティ、パールヴァティ、ドゥルガーといったようなほとんどの重要な神々の中に存在している。女性的神威は先史時代のインドに源を辿ることができる。最も早い女神像は、炭素 14 年代法によるとおよそ紀元前 2 万年にインドのイラーハーバード近郊で発掘された。およそ紀元前 5500 年の何千もの女神像はメヘルガルで

3　このような平等権はさらに先まで推し進められており、男女だけでなく、レズビアン、ゲイ、バイセクシャル、トランスジェンダー（国際的な研究における略語は LGBT）のような多くの他の形も加えられてきている。

4　Một số nữ thần tiêu biểu trong văn hoá Veda Ấn Độ từ góc nhìn Shakti (quyền lực nữ tính) *Tạp chí Văn hoá học* số 1,2013（「シャクティ（女性的権力）から見たインドのヴェーダ文化における幾つかの象徴的女神」『文化学』2013 年第 1 号）において著者のファム・ティ・トゥイー・チュンはシャクティを女性的権力と呼んでいる。この場合における「権力や権能」といった言葉は間違いではないが、宗教的な権力と世俗における権力を混同しやすいため、当研究においては女性的神威という用語を使って、インドの言語で超自然的な性質をもった権能という意味のこの言葉を名付けたい。

5　前掲ファム・ティ・トゥイー・チュン（2013）、58 頁。

6　例えば、デヴィット・キンスレーによると、インドラ神の「シャクティ」はサチ（インドラニ）であり、権能を意味する。インドラニはまた、マトリカスとよばれる七から八柱の母神のグループ（ブラフマニ、ヴァイシュナヴィ、マヘシュヴァリ、チャムンダ、ナラシムヒなどを含む）の権能を表している。それらの神はヒンドゥー教の主祭神（順に、ブラフマン、ヴィシュヌ、シヴァ、インドラ、スカンダ、ヴァラーハ／ヤーマ、そしてデヴィとナラシムハである）のシャクティであると見做されている。

発掘された。メヘルガルは世界で最も重要な新石器時代の遺跡の一つである。これは、インダス川中流域文明(インダス文明)に属する大文明の前身であり、そのことによってインドにおける女神信仰が古くから存在していたということが確認されるのである[7]。インド文化においては、女性的神威をもった女神はアマン(母を意味する)と呼ばれる。そのことから見て取れるように、インド文化において女性的神威を通して表現されるものは、ベトナムの土着の信仰における「母系制、すなわちベトナム文化の源」(チャン・クオック・ヴン教授の用語)に相当する多くの特徴をもっている。これこそが、インドやカンボジアからの女神・母神信仰が容易にベトナム文化に流入しながら、儒家の思想と激しく対立することになった理由である。それについては後の項で述べることにする。

2. インド文化におけるラージャ・ガウリ像

ラージャ・ガウリは、豊穣と生殖能力に結びつけられた女神である。この神への信仰は、インドだけでなく他の南アジアの多くの国々における民間文化にかなり広くみられる。しかし、かなり広く見られるものとはいえラー7ジャ・ガウリへの信仰と像の制作はデカンで最も盛んである。デカンは南インド盆地の中心地域である。この神における生殖能力は生殖器の誇張という形でイメージ化されている。しゃがんだ姿勢(ウタンパーダ)で、お産の姿勢のように両脚を広く開いている。このイメージは樹木の成長と将来世代を充分に産み出すことを助けるものであると考えられている。頭と首があるはずの位置に代わりに咲いているハスの花の形象は人間の第7チャクラを表現している。ラージャ・ガウリへの信仰とイメージ化はインドと南アジア一帯に広く見られるのであるが、それは主に民間文化の要素の中に見られ、正統な形でヒンドゥー教の寺院において見られることは稀である。しかし、その影響は、インド文化における女性的神威に関する観念と哲理の基礎の上で、神話とサティやパールヴァティといった他の女神のイメージに編み込まれている。

---

7 Satguru Sivaya SubramuNiyaswami. Merging with Siva: *Hinduism's Contemporary Metaphysics.* (Honolulu: Himalayan Academy, 1999), 1211 も参照。

インド文化におけるラージャ・ガウリ像

図 1. ラージャ・ガウリ／アーディティ神の砂岩石像。ウタナパッドと呼ばれる。650 年のもの。インド、バダミ博物館蔵。

出所 https://www.newworldencyclopedia.org/entry/shaktism#Tantra_and_Shaktism

図 2. インド、マーディア・プラーデシュの蓮を頭に乗せたラージャ・ガウリ女神像。

年代：6 世紀。

アメリカ、メトロポリタン芸術博物館蔵。

出所：https://www.metmuseum.org/art/collection/search#!?q=lajja%20gauri&perPage=20&searchField=All&sortBy=Relevance&offset=0&pageSize=0

叙事詩と民間伝承による神秘的な要素についての深い理解を脇におけば、ラージャ・ガウリ信仰における重要な特徴が正に生殖であるということに容易に気付くはずである。従って、胸や女性器といった生殖に関連する部分のイメージは特に強調して描かれ、誇張されて、それが典型となっている。このイメージはカーマスートラにおいて表現されている「性愛の哲学」ともカジュラーホーの寺院に特徴的な一連の性交の像とも違うものである[8]。これはまた、中国やベトナムにおける儒教の淫欲、庸俗といった観念ともさらに遠いものである。

8　これも筆者の中心的な研究テーマの一つとなりうるが、この論集における論考の紙幅を超えるため、近い将来、別の機会に発表したい。

そのため、本来ならばこのような形の信仰と像はベトナム文化においては存在しがたいものであるはずである。それがまさにバーバイン(バーダインがかつて大越文化においてチャム人の寺院に存在した)が「根こそぎ捨てられ、根元から剥ぎ取られた」理由ではなかったか。これもまた重要な問いであり、当研究は後の項でそれに答えなければならないだろう。

ラージャ・ガウリの他に、インド文化にはそれに似たような伝統的なイメージがある。それはヤクシーである。ヤクシーは、ヒンドゥー教、仏教やジャイナ教などの宗教において生殖力の象徴のように考えられている女神である。その像は扇情的な女性の姿として描かれており、ただ彼女が足をそこに踏み入れるだけで樹木が花をつけ、実を結ぶのを促すことができるとされる。この女神の像にはまた透けたスカートで装飾されたものも見られる。これは大地の生殖能力を象徴する生命力に満ちた女性の裸体を見せるためである。ヤクシーは通常、例えば、寺や塔の正面など、建築物の一部として飾られる。更に、5千年以上前からインド文化では、母神(地母神)と見做されていた[9]。しかし、ヤクシーは多くのヒンドゥー教の寺院にその姿が見られるものの、その位置関係から考えると、それは付加的なものである(一方ラージャ・ガウリは中心的なイメージである)。また、形式の面から考えると、ヤクシーの表現はまだ比較的控えめであり、ラージャ・ガウリのようにバーバインとかバーダイン(ベトナム語で軽蔑を含意する言い方)などと呼ばれるようになるほどには「これ見よがし」ではない。

インド文化におけるヤクシーのイメージ

図3. ヤクシーの像、2世紀、
クシャーナ時代、ウッタープラデシュ、
マトゥーラ。
出所：https://www.artic.edu/undefined

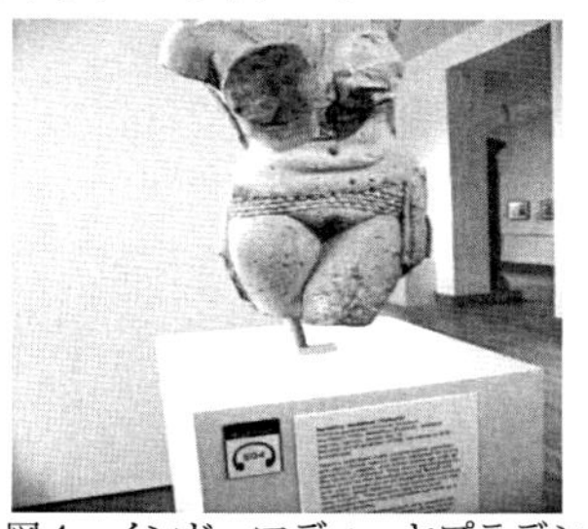

図4. インド、マディーヤプラデシュ
の1世紀のヤクシー像
アメリカ、ボストン美術館において著者が撮影。

9 http://www.artic.edu/air/collections/exhibitions/Indian/Yakushi を参照。

3. ラージャ・ガウリ像とベトナムにおけるバーダインの出現

バーダインとは誰なのか？という問いに答えるため、ベトナムの研究者たちは、歴史から考古学、芸術学から言語学といったさまざまな研究分野において研究してきた。しかし、「バー」という語の起源については現在に至るまで多くの論争を引き起こしているようである。例えば、グエン・マイン・クオン博士(社会科学アカデミー)は、最近のかなり「人気のある」テレビ番組で、バーダインはチャム文化のしゃがむ女神のイメージからきていると述べている。また、同じ番組内で、グエン・ティ・チエム博士(ハノイ文化大学)は、バーダインは、バーダインという名の徳の高い女性をもとにつくられたものである、と述べている(とすると、彼女はベトナム人ということだろうか)。博士はまた、バーダインは中国の道教に源があり、バーダイン寺は昔の道観であった可能性があるという仮説も出している(そうなると、彼女は中国人なのだろうか)[10]。この問いに答えるためには、李陳朝期の大越(チャム人からの多大な影響を受けて芸術が興隆した時代)の歴史から追検証する必要がある。

ここで最も注意が必要な要素は、多くの原始文化(その中にはベトナムの大越期が含まれるが)において伝統期な信仰というものが存在する[11]といっても、リンガとヨニあるいは具体的な女神(偶像と廟堂をもつポヤンダリのような)を伝統的な形象として公に祀ることは、ほとんどチャム文化にしか見られないということである。チャム人の捕虜がその一族と共に大越に連れてこられ、そこで生活するようになってから、チャム文化の影響は大越の文化の中にはっきりとその足跡を刻んだ。そして、その文化的な要素が現在まで「芸術的な最高峰」であると見做されているのである[12]。ター・チー・ダイ・チュオンによると、「捕虜たちは塔を建て、廟を造り、顧問になり、後宮に入るなどして、彼らの考えを広めていった。聖イアナは、チャムの国王を保護する神だが、李聖宗によっ

10　ベトナムテレビ局が 2015 年 11 月 22 日 23 時から放送した、VTV3 のテレビ番組「神の神秘 *Bí mật của tạo hoá*」。

11　例えば、フートのチョーチャム祭りにおける男性器と女性器の像とリンティンティンフック（訳注：選ばれた男女がそれぞれ木製の男性器と女性器を持って三度合わせる儀式）の挙行などが考えられる。

12　Đinh Hồng Hải (2012), *Những biểu tượng đặc trưng trong văn hóa truyền thống Việt Nam* – Tập 1: Các bộ trang trí điển hình, NXB Tri thức, Hà Nội, tr.21（ディン・ホン・ハイ（2012）『ベトナム伝統文化における特徴的な形象－第一輯：典型的な装飾』知識出版社、ハノイ、21 頁

てベトナムに持ち込まれ、国の守護神とされた。ポヤンダリ神はバーバインとなり、14 世紀の初めの四分の一あたりになってようやく陳朝によって駆逐されるまで祭祀を受けることになった[13]。」

このように、「ベトナムの地に建てられた」チャムの寺院におけるポヤンダリ神の像は大越文化におけるバーバインあるいはバーダインの像のモデルであった。これは、とりもなおさず、上述のグエン・マイン・クオン博士が言った「チャム文化におけるしゃがむ女神像」である。では、チャム人のポヤンダリ神は、インド文化におけるラージャ・ガウリ神なのだろうか。

言語学における音韻の変化という角度から考えると、ラージャ・ガウリがポヤンダリに変化することは大いにあり得る(チャム語はパーリ語族ー古代インド語の一派ーに属している)。しかし、より説得力のある証拠は、「太陽を戴き、四肢を左右に開き、胸や腹を露わにした性器が大きい裸の女性として彫刻された」あるいは「しゃがんだ姿勢で、足を左右に開き両手を上げ、太陽を戴いた、胸と腹が大きく、性器を露わにした裸の女性」という神像の表現である。ポヤンダリがインド文化のラージャ・ガウリにそのモデルをもつということを証明するために、ター・チー・ダイ・チュオンもそれに言及している[14]。異なる点は、ただ「太陽を」戴いた姿だけであり、そこからラージャ・ガウリの頭と首にある「蓮の花」を想像することは容易である[15]。このように、ラージャ・ガウリ像とそのベトナム文化におけるバーバインとの関連を通して、ここまでの議論から、我々はひとまず以下の結論に達した：

結論 1 ／バーダインは文化と芸術に存在する女神像の一つである

結論 2 ／バーダイン像の源流はチャム文化(より遡ればインド文化)であり、

13　Tạ CHí Đại Trường (2006), T*rần, Người và Đất Việt*, NXB Văn hóa thông tin, Hà Nội, tr. 21（ター・チー・ダイ・チュオン（2006）『ベトナムの神、人、土地』文化通信出版社、ハノイ、21 頁）

14　ター・チー・ダイ・チュオン（2005）「17 世紀、黎ー鄭期の朝廷と国家：バーバインからバックマー神へ」『文学雑誌』第 227 号、2005 年 9 ～ 10 月（25 ー 43 頁）は、「フンイェンのオン寺の石碑には、太陽を戴き、四肢を左右に開き、大きな胸、腹、性器を露わにした、裸で座る女性が彫刻されており、それはハノイのトゥリエン村の寺の石碑に似ている」と述べている。また、ナムディンにあるフックハイ寺とハイチュンディン（訳注：ディンとはベトナムの村落の中心にある伝統的な集会所兼礼拝所）の 17 世紀に属する石碑にも「しゃがんだ姿勢で、足を左右に開き両手を上げ、太陽を戴いた、胸と腹が大きく、性器を露わにした裸の女性」が彫刻されている。

15　おそらく、昔の儒学者はインド文化のラージャガウリとチャム文化のポヤンダリを知らなかったために、これを太陽の形だと推測したのだろう。

ベトナム文化あるいは中国文化の中で形成されたものではない（おそらくラージャ・ガウリ像がベトナムの民間信仰に入ってきたというだけかも知れない）。

結論３／ベトナム文化におけるバーダイン像の形成は生殖機能に関連したインド文化の「女性的神威」あるいはベトナム文化の「母系原理」についての観念から来ている。

4．大越文化におけるラージャ・ガウリ信仰とその神像の存在について

大越文化におけるラージャ・ガウリ信仰とその神像の存在は、大越の中心におけるチャム文化の興亡にともなう仏像の盛衰ほど「スッキリ」とはいかない。李陳期における大越文化によるポヤンダリの受容はベトナム人や他の少数民族と平和的に共存するチャム人のコミュニティにとっては比較的有利なことであった。従って、チャム人の文化、芸術そして信仰は李陳期の輝かしい大越文化を豊かにすることに貢献したことは誰も否定できない。まして、外戚の皇族の一人であるチャン・ニャット・ズアット[16]などは、チャム語の学習に熱中し、ついにはチャム人と直接話せるようにまでなり、大越の都でもチャム人に信仰的な文化生活をできるように計らうことまでしている。

李陳時代においては、チャム人コミュニティとその文化が大越文化に大いに貢献し、影響を与えたという背景のもとで、大越文化の中心でチャム文化の各様式が形作られ長足に発展したのは明らかなことである。それはまた、チャム人の礼拝施設が建設され、大越の地に暮らすそのコミュニティからの要求に応えた理由でもある。ハノイのトゥイクエにあるチャウラム[17]院は正にこのような形態の文化様式の一つである。チャウラムという名前からしても、我々に「ラムアップ[18]のチャウ[19]」を連想させるだろう（それは、ちょうど現代においてベトナムのホア族のミンフオン[20]という名前のようなものである）。チャウラム院、

16　訳注　漢字表記すると［陳日燏］。

17　訳注　チャウ・ラム（Châu Lâm）は漢字表記すると［州林］。つまり、ラム・アップ（次項参照）の州ということ。

18　訳注　ラム・アップ（Lâm Ấp）は漢字表記すると［林邑］。チャム族の国の名前。

19　訳注　Châu［州］。

20　訳注　ホア（Hoa）族は、ベトナムに住む中国系の民族であり、ミン・フオン（Minh Hương）は漢字表記すると［明郷］。つまり、明（中国）の故郷という意味。

あるいは後世バーダイン寺と呼ばれタンロン[21]城にあったチャウラム寺の他にも、ハナム省キムバンのバーダイン寺(前述)、ゲアン省フングエンのバーダイン寺、ハイフォン省キエンアンのバーダイン寺などがそれぞれ存在する。そのことによって、李陳朝期の北部から南部(大越の中心部ーカンボジアのことではない)に至るまでの各地の大越文化に広く、ラージャ・ガウリあるいはポーヤンダリの信仰と神像が存在したことが知られているのである。

黎朝による統治の時代(1407 − 1789 年)に至り、それは儒教だけを唯一尊崇する朝廷であったために、黎朝による禁止と忌避がチャム族及びその大越への文化的影響を次第に衰退させていった。そのような状況下で「父系制を免れてきた女神像は 15 世紀末にフンヴオン[22]と村のディンが正式に認められ、体制化されるのに従って、徴姉妹[23]やフンヴオンの公主という様式の下に形を変えて入り込んだ[24]」。ポヤンダリやバーダインのような「これ見よがし」で有名な女神

21　訳注　タンロンは漢字表記すると［昇龍］、現在のハノイ

22　訳注　フンヴオン（Hung Vương）は、漢字表記すると［雄王］、「ベトナム神話の原初国家バンラン(文郎)の第18王の称号. 15世紀の≪大越史記全書≫等によると、中国帝の異母弟のキンズオン(涇陽)王が洞庭君の娘と接してラクロンクアン（貉竜君）を生み、君は山性のアウコ（嫗姫）との間に 100 の卵を生み、その一つから初代フンブオンが出た. フンブオンは山と水、中国とベトナムという二重の対立の調停者としてバンラン国を興し、また代々維持したが、18 代フンブオンがこの対立を激化させた. このためバンラン国はアンズオン（安陽）王に、アンズオン王は広東の南越国に、南越国は漢に、と次々に滅ぼされ、ベトナムは 1000 年に及ぶ北属期に入った. 革命後、フンブオンの故地とされるホンハ（ソンコイ）川中流部に漢以前の初期金属器時代の遺跡が数多く発見され、フンブオンの建国は史実であるとベトナムの学者たちは主張している.」(石井米雄他監修（1986)『東南アジアを知る事典』平凡社)

23　訳注　「徴姉妹（ハイ・バー・チュン、Hai Bà Trưng)、紀元 1 世紀、中国の支配に抗したベトナムの民族英雄. ベトナムのジャンヌ・ダルクともいわれたが、現在はあまりいわれない. チュン・チャク（徴側)、チュン・ニー（徴弐）の姉妹はハノイ北西方のメリン（麓冷）県の土豪（雒将）の娘に生まれた. 紀元40年、当時ベトナムを支配していた後漢の交趾郡太守蘇定はチュン・チャクの夫を殺した. チュン姉妹はただちに反乱に立ち上がり、たちまちのうちに広東省から北部ベトナムにかけての 65 城を落とし、みずから王位についた. しかし、翌 41 年漢は伏波将軍馬援に討伐を命じ、馬援は嶺南山脈を越えてランバク（浪泊. バクニン近辺）でチュン姉妹の軍を破り、次いでカムケー（禁渓）に退いた姉妹を攻撃、43 年に捕えて処刑した. 一説にハットザン（喝江）で自殺したともいわれる. ベトナムは再び中国の支配下に戻ったが、チュン姉妹の名は以後長く民衆の間に伝承され、チャン（陳）朝期に徴聖王として福神にまつられ、さらに独立後は最初の対中抵抗に勝利した民族英雄として高く評価されている.」(石井米雄他監修（1986)『東南アジアを知る事典』平凡社

24　ター・チー・ダイ・チュオン前掲書、38 ページ。

は儒教を尊重する朝廷の官吏からのタブー視と蔑視は免れ得なかった。ポヤンダリを礼拝する寺院及び彫刻作品の多くが破棄されたことは、黎朝から儒家思想の色濃くなったこと（それは阮朝まで続くが、莫朝で少し「手を緩める」ようである）の当然の帰結であった。しかし、ポヤンダリやバーダインは詩歌あるいは民間文化の中に存在する痕跡の中に残存している。そしてそのおかげで、大越文化においてその信仰や神像が大いに流行していた時代を想像できるのである。

5．諺「バーダイン寺のように閑散としている」の成立について

「バーダイン寺のように閑散としている」[25]ほど、よく使われるのに根拠のない諺も珍しい。おそらく、根拠が薄いために、後世の人はいつもこれを間違って解説している。例えば、『ベトナム成語・諺辞典』[26]では、グエン・ラン博士は以下のように解説している。「ハノイ、トゥイクエ村のバーダイン寺、すなわちフックラム[27]寺はバーダインという女性によって黎朝に建てられたが、幾多の変遷を経て参拝する人が少なくなり、そのため閑散としてしまった。そこから閑散としている場所一般を言うようになった。」（ベトナム成語・諺辞典377ページ）。見てわかるように、「訪れる人が少ない」場所であるという解説は完全に正しいが、氏の解説はこの項目を「問題のある」ものにしている。まず、バーダイン寺はハノイのトゥイクエ村だけに唯一存在するのではなく、他の地方にも存在する（前述した通りである）。次に、ハノイ、トゥイクエ村のバーダイン寺の名はチャウラムトゥ[28] 12)である（フックラム寺ではない）。第三に、「バーダインという女性によって黎朝に建てられた」というのは根拠がない。このような形式のチャム族の礼拝施設は、多くが李陳朝期に建てられたのであり、黎朝期になるとその多くが破壊され、最も烈しかったのは「1509年の逆殺令」だった[29]。このように、有名な先生の辞典のたった一つの項目にも3つの誤りがある。これは、後の世代が解説し直して誤りを避けるべきである。

25　訳注　vắng như Chùa Bà Đanh

26　Nguyễn Lân (2008), *Từ điển thành ngữ và tục ngữ Việt Nam,* NXB Tổng hợp TP HCM.（グエン・ラン(2008)『ベトナム成語・諺辞典』ホーチミン市総合出版社）

27　訳注　漢字表記すると［福林］

28　訳注　漢字表記すると［州林寺］

29　ター・チー・ダイ・チュオン前掲書、172ページ。

諺「バーダイン寺のように閑散としている」は黎朝期以降に成立した可能性があると考えられる。なぜなら、黎朝期は広く言えば大越におけるチャム人の礼拝施設一般が、具体的にはポヤンダリ神の礼拝堂が、儒家たちにとっては目障りだという理由で破壊されたからである。仮に破壊を免れていたとしても、仏教かあるいは道教へその目的と礼拝対象を変えざるを得なかっただろう。当然ながら、チャム族は自らのものではない他の神に礼拝することを受け入れなかっただろう。そのため、彼らの礼拝堂は廃れてしまったのである。もし仮に、ベトナム人がこの礼拝施設を接収した（しかし、破壊されることも、更に仏教化も道教化もされなかった）としても、裸の女性の像をもつポヤンダリ神（バーバイン／バーダイン）が彼らの礼拝の対象となることは難しかっただろう（彼らがそれを接収したとしても）。単に物質的に破壊する（像や彫刻など）だけでなく、儒者たちは儒教の考え方を持ち出して、チャン・クインがバーバイン像の上に詩を書いた話[30]のようにチャム族の女神の神聖さを剥ぎ取る方法を模索しただろう。

上述の解説は全て、「バーダイン寺」が閑散としているのは、黎朝時代におけるチャム人のポヤンダリ寺院で行われた宗教と信仰の特異性にあると考えている。この時代、卑俗で伝統的な性質を持った各種の信仰は軽視され、蔑視され、あるいは別のものに換えられたのである。それは、ベトナム人に発するものであれ、外から入ってものであってもそうであった。歴史的な規模の「履歴の改ざん」の一つは、北部平野における民間の何千もの神を皇帝が与えた神へと変えた「履歴の誤魔化し」の過程であった。儒教の王朝である黎朝は木や石の神、乞食に窃盗、強盗の神といった民間の神霊を認めず、「封建王朝の政権が神権をその手にしようと欲した時、彼らはそのような村の神を排斥し、それを天の

30　ある時、クインが住んでいた所の近くに、とても変わった石像があった。それは裸で畑の真ん中に立っており、口は微笑んで、手は陰部を示し、バーバイン像と呼ばれていた。石像はこのように奇妙であったが、とても神々しかった。通りがかりに目にする者は誰でもにんまりするのであって、口を歪めたり、顔をしかめたりはしなかった。噂では、像の立っている所は裕福でとても不思議な中国人が住んでいたところだったという。クインは噂を聞き、それを見に行った。そこに着いて見てみると、裸ではあったが、草履を履き数珠を首にかけていた。クインはにこりともせず、何も言わずに筆をとって直接像の胸に俗語の詩を書いた。その詩に曰く、「なんとまあうまく石を削ってあなたを作ったものだ！なぜそんなとこところに立ち、さらに立ち続けているのか。上は首に数珠をかけ、下は交差させた足に草履を履く。」

神や英雄神(民間の村神よりも「宮廷」的な性格をもつ)に換えていった。それらの神は後に城隍神と呼ばれ、村神とは呼ばれなかった[31]」。チャム人のポヤンダリ像と寺院(あるいは、ベトナム人風の言い方ではバーダイン寺)はどちらもその時期のベトナム人の村神と運命を共にし、バーダイン寺が廃れていったということも容易に理解できることである。

6. 結論

インド文化の女性的神威および大越文化の母系原理は、正に民間における各種の伝統的信仰が存在し、発展するための基盤であったと言える。李陳朝時代にポヤンダリ像が受容されたことから、この時代の大越の皇帝たちの寛容な考え方が窺える。大越の文化にポヤンダリの信仰と神像が存在したことはまた、ベトナム人の「非儒教的」な信仰と合致する(母神像は尊崇され、伝統的な信仰が発展した)。残念ながら、黎朝の下で(そしてその後の阮朝を通して)、大越において儒教が隆盛を極めた時代において、儒教を唯一信奉する朝廷がベトナム人およびベトナムのチャム人の多くの価値ある文化的要素を破壊した。その一つの典型例がポヤンダリ寺院なのである。

黎朝による「非儒教的」要素の排除あるいはすり替えは、元々は大越文化発展の基盤であった民間文化的要素の軽視という弊害を招いた。それに加えて、「非儒教的」文化要素の軽視は、この朝廷を衰退させ、鄭氏に隷属させ、莫朝との、その後は阮氏との凄惨な内戦を招くこととなった。更に、儒家思想の民間信仰に対する蔑視は、神霊の体系(元はベトナム人、チャム人ならびにその他の多くの少数民族の精神生活の基盤であった)を衰退させてしまった。精神生活の基盤が荒廃してしまったとき、芸術家たちの創造力もまた上昇することが難しくなった。このことが、黎朝から阮朝の時代の芸術が李陳朝時代の芸術に比肩することができない理由である。

民族の貴重な文化的価値を保存し活用するためには、寛容な精神と健全な文化的生活が我々の中の各々にとって絶対に必要なことである。これは正に、李陳朝時代の皇帝たちが実現してきた方法である。宗教の軽視ならびに種族(あ

31　ディン・ホン・ハイ (2015)『ベトナム伝統文化における特徴的な彫像－第二集：神像』世界出版社、ハノイ、44 頁を参照。

るいは文化)の軽視はいかなる時代においても、全て悪質な弊害をもたらす[32]。インド文化においてラージャ・ガウリ像が、そして李陳朝時代、大越文化においてポヤンダリ像が存在し発展したことは、ベトナムにおける各民族の信仰と芸術の力強い生命力を窺わせる。形のある物はもうなくなってしまったが、バーダインに関する諺といった無形文化遺産が現代のベトナム文化にも存在しているということは、何万年も前からインド文化の中に存在した神像を通して民間文化の生命力を感じさせる何より明らかな証拠なのである。この事は、母、あるいは女性の役割(社会における、あるいは歴史を通して長く存在してきた宗教において、そしてそれぞれの文化における)を肯定している。そしてそれは、ラージャ・ガウリ像、ポヤンダリ像やバーダイン像がその象徴的な証明であるところの女性的神威を通してなのである。

32　現在のイスラム国(ＩＳ)に対する西欧各国の戦いは、宗教と文化の衝突の分かり易い証拠である。

参考文献

1. Carol Radcliffe (1992), *Forms of the Goddess Lajja Gauri in Indian Art,* by Bolon.

2. Trường ĐH KHXH&NV, ĐHQG TP HCM (1996), *Từ điển Việt – Chăm*, NXB Khoa học Xã hội, Hà Nội.（ホーチミン市国家大学、人文社会科学大学（1996）、『ベトナム語ーチャム語辞典』、社会科学出版社、ハノイ）

3. Devdutt Pattanaik (2013), *The Goddess in India: The Five Faces of the Eternal FemiNine*, Published by Inner Tranditions / Bear&Company.

4. Đinh Hồng Hải (2015), *Những biểu tượng đặc trưng trong văn hóa truyền thống Việt Nam* – Tập 2: Các vị thần, NXB Thế giới, Hà Nội.（ディン・ホン・ハイ（2015）、『ベトナム伝統文化における特徴的表象 — 第二集：神々の表象』、世界出版社、ハノイ）

5. Đinh Hồng Hải (2012), *Những biểu tượng đặc trưng trong văn hóa truyền thống Việt Nam* – Tập 1: Các bộ trang trí điển hình, NXB Tri thức, Hà Nội.（ディン・ホン・ハイ（2012）、『ベトナム伝統文化における特徴的表象 — 第一集：典型的な装飾』、知識出版社、ハノイ）

6. *Laja Gauri Seals and related antiquities from Kashmir Smart, Gandhara*, South Asian studies, British Academy, London, ROYAUME-UNI (Revue), ISSN 0266-6030. 2002, vol. 18, pp. 83-90.

7. Miriam Robbins Dexter and Victor H. Mair. Amherst (2010), *Sacred Display: Divine and Magical Female Figures of Eurasia*, Cambria Press, New York.

8. Madhu Bazaz Wangu (2003), *Aditi Uttanapada (Lajja Gauri): Creatrix and Regenrator Images of Indian Goddesses: Myths, MeaNings, and Models,* Published by Abhinav Publications.

9. Nguyễn Lân (2008), *Từ điển thành ngữ và tục ngữ Việt Nam*, NXB Tổng hợp TP HCM.（グエン・ラン（2008）、『ベトナム成語・諺辞典』、ホーチミン市総合出版社）

10. Phạm Thị Thủy Chung (2013), "Một số nữ thần tiêu biểu trong văn hóa Veda Ấn Độ từ góc nhìn Shakti (quyền lực nữ tính)," *Tạp chí Văn hóa học* số 1/2013, Hà Nội.（ファム・ティ・トゥイ・チュン（2013）、「シャクティ（女性的権威）から見たインドのヴェーダ文化における象徴的女神」、『文化学雑誌』2013 年第 1 号、

ハノイ）

11. Shanti Lal Nagar (1989), *The Universal Mother,* Published by Atma Ram & Sons. Chapter 18: The Mother Goddess as Aditi/Lajja Gauri, page 200.

12. Satguru Sivaya SubramuNiyaswami (1999), *Merging with Siva: Hinduism's Contemporary Metaphysics*, Honolulu: Himalayan Academy.

13. Tạ Chí Đại Trường (2006), *Trần, Người và Đất Việt*, NXB Văn hóa thông tin, Hà Nội.（タ・チー・ダイ・チュオン(2006)、『陳朝、ベトナムの人と国土』、文化通信出版社、ハノイ）

14. Tạ Chí Đại Trường (2005), "Triều đình, đất nước Lê-Trịnh ở TK VXII: Từ Bà Banh đến thần Bạch Mã," *Tạp chí Văn học số* 227, tháng 9-10/2005.（タ・チー・ダイ・チュオン(2005)、「17 世紀における黎・鄭朝：バーバインからバックマー神へ」、『文学雑誌』2005 年 9 － 10 月第 227 号）

15. Sadhana Saxena, Phạm Đình Hướng (2013), *Từ điển Hindi – Việt*, NXB Giáo dục Việt Nam, Hà Nội（サダナ・セクサナ、ファム・ディン・フン(2013)『ヒンディー語－ベトナム語辞典』ベトナム教育出版社、ハノイ）.

参考ウェブサイト

http://lichsuvn.net/forum/showthred.php?t=11206

http://www.artic.edu/air/collections/exhibitions/Indian/Yakushi

http://www.metmuseum.org/

http://www.mewworldencyclopedia.org/entry/Shaktism

http://www.artic.edu/air/collections/exhibitions/Indian/Yakushi

パールヴァティー女神および上座部仏教信徒であるクメール人とカンボジア人の文化におけるバーデン信仰との関係

ファム・アイン・トゥ[1]

摘要

バーデン(「黒い婦人」という意味：訳者)は南部のベトナム人コミュニティにおける普遍的な民間の信仰形態であり、タイニン省にある同じ名前のバーデン山にある廟で広く礼拝されている。しかし、バーデンの起源については現在多くの異なる意見がある。本稿は、上座部仏教と南部クメール人およびカンボジア居住民の民間文化を通しての、インド起源のバーデン信仰の変化についての資料を提供する。

キーワード：*ウマー、パールヴァティー、ニエン・クマウ、バーデン、信仰、上座部仏教、ヒンドゥー教*

1．序説

パールヴァティー女神あるいはウマー・ハイマーヴァティーは、ヒンドゥー教の神譜ではシヴァ神の慈愛に満ちた妻であるとされる。パールヴァティーという名前は山の娘を意味するが、それは神話が描いているように、彼女がヒマヴァット[2]あるいはヒマラヤの神の子であるからである。このため、中国の大乗仏教は、彼女を雪山神女と名付けている。パールヴァティーには多くの別名があり、通常シヴァ神や子である幸福の神(ガネーシャ)、戦争の神(スカンダ)などと共に祀られる。しかし、時には地母神のように独立して祀られることもある。最も典型的な例を、49番地マリアンマンの彼女の像の祀り方に見ることができる。マリアンマンとは南インドの地域コミュニティにおけるパールヴァティー女神の別の呼び方である。また、インド南部では、パールヴァティー女神像は通常黒く塗られている。それは、伝説によると彼女は全身黒い肌であっ

1　＊人文科学大学、文化学科

2　Phnom Penh National Museum (2015), “The Preah Neang Devi as a protector”（プノンペン国立博物館(2015)『デヴィ女神、守護の神』）による
http://ppnationalmuseum.blogspot.com/2012/05preah-neang-devi-as-protector.html

たと言われるからである。

インド文化と、インドの影響を受けた東南アジア文化においては、パールヴァティーはしばしば慈愛を意味するため、彼女は美しい女性の姿で表現される。また、彼女の憤怒の化身はカリやドゥルガーと呼ばれ、懲罰の意味を持つため、その姿かたちについては通常憤怒の形で表現される。この2つのイメージは、大乗仏教の影響を受けた一部のベトナム人が考えるように善と悪の両面の意味を持つということでは全くない。ヒンドゥー教の神話によると、カリ(ドゥルガー)女神は、ブラフマン、シヴァ、クマーラ、ヴィシュヌ、ヴァラーハの五柱の神を合わせた力によって生み出され、彼女らはカリを扶けて非常に力のある魔王ラクタヴィージャを倒したという。カリは、悪を懲らしめる戦いにおいて、これらの神々の加護を表す宝物を手にしている。

ヒンドゥー教の神画に描かれた
パールヴァティー女神。
www.sorchanesociety.com[3]

シヴァとパールヴァティーの家族。
ヒンドゥー教の神画。
www.dollsofindia.com[4]

2. 上座部仏教と民間文化へのヒンドゥー教の流入

14世紀末から後の時代は、タイやミャンマーといった上座部仏教の王国が次第に力をつけていく情勢を前に、東南アジアの大陸部においてヒンドゥー文化が衰退していくという特徴をもつ時代であった。上座部仏教がその思想と、朝廷からの保護という面で優勢となっていく中で、ヒンドゥー教は衰退していっ

3 同上

4 同上

たのである。スコータイ、アユタヤ、ラグーンやルアンプラバンといった宗教の中心地は仏教文化を周辺地域に伝播する重点地区となった。ヒンドゥー教の衰退は、タイ人はマハ・ソンクラーンと、カンボジア人と南部クメール人はチョル・ナム・クメイと、そしてラオス人はブン・ピメイと呼ぶ新年の祭りに関する文献に描かれている。レ・フオンは、クメール人の主な8つの祭りの内、チョル・チョナム・クメイはヒンドゥー教から発祥したものであり、一方それ以外の祭りは仏教由来であるという(Lê Hương 1969: 41－42)。文献によると、カビル・マハ・プノムあるいはプラ・プルムはすなわちヒンドゥー神話のブラフマンである。この神は、創造の神であり、天上の神々の父であるとみなされているが、たった七歳のトル・マバルという若い皇子に知力では適わない。トル・マバルはカビル・マハ・プノムの出した3つの質問に答えることができた。そしてカビル・マハ・プノムは、自らの手で首を刎ねて自分の7人の娘に渡し、メル山の金の塔に持ち帰らせた。カビル・マハ・プノム神の死は、かつてヒンドゥー教が統率していた説法の役割の終わりを意味し、また若い皇子は仏教が世界の教師のように勃興してきたことを象徴していた。それは、今や上座部仏教を信奉する諸国家におけるヒンドゥー教の支配的な影響が終わる時代について説明したのである。また同時に、毎年大晦日に諸神を迎える儀式を伴う新年の祭りには、7人の娘の神を象徴する少女が参加するようになった。そのカビル・マハ・プノム神の娘である少女は、自らの父神の首を抱えて寺院の周りを三度周った。この寺院は仏教の霊山である須弥山を象徴していた。以前ほど盛んでなくなったとはいえ、ヒンドゥー教の遺産は神像や儀礼、思想の形で上座部仏教に流れ込んでいた。新年のお神輿を先導して須弥山を三度巡るカビル・マハ・プノム神の娘の伝説は、プラダクシマ(Pradakshima)祭の名残であり、上座部仏教に取り入れられ、献衣祭(カティナ)や降誕会(マカブチャ)といった重要な祭において仏像を輿せて練り歩く行事へと変えられていった。

ヒンドゥー教の遺産は上座部仏教を信奉する各国の文化に浸透していった。その遺産は、それに合った神々の職能と起源によって決まる分野ごとに分けられる。具体的に見ると、現在のタイの王様がラーマ4世であるように、ヴィシュヌ神はラーマという名の王という形で宮廷文化に影響を与えることになった。大梵天(ブラフマン)と帝釈天(インドラ)は仏教に取り入れられ、仏の最も近い天王となった。彼らは、前世から釈迦が悟りを開くのを目撃するまで常に釈迦につき従って守護しており、帝釈天に至っては、釈迦の入滅の際に舎利を7人の王に分ける役割を果たすのである。その中でも特に、シヴァ神と彼の2人の妻であるウマーとドゥルガーは民間の信仰に溶け込んでいった。それはおそらくシヴァ信仰と現地の文化が似ていたからであり、また同時に農耕民のコミュニティに広まっていた地母神信仰がウマーやドゥルガーのイメージと同化しやすかったためであろう。

カンボジアや南部クメールのコミュニティでは、シヴァ神はネアクタ(Neakta)を拝む土地の信仰と同化している。例えば、人びとは、シヴァ神をネアクタ・プレーク・エイサイ(Neakta Preak Eisey)と呼ぶ(Lê Hương 1969: 1970)。また、ウマー女神は、ニエン・クマウ(Niềng Khmau、黒い娘、黒い婦人、黒い母、の意味)と呼ばれ、ドゥルガーの方は、ニエン・メ・サール(Niềng Me Sar、白い娘、白い婦人、白い母、の意味)と呼ばれる。プノンペン国立博物館の資料によると、カンボジア人はシヴァ神の膝の上に座るウマー女神の像を、幼子を抱くネアクタという意味の、ネアク・タ・ポル・コン(Neak ta Por Kon)と呼ぶ[1]。この地方の人々はシヴァ神よりも小さいサイズのウマー像を見ているため、彼女がシヴァの子どもだと思うのであろう。牛の神ナンディンに跨るシヴァの像あるいはレリーフは、牛に跨るネアクタを意味するネアクタ・チス・コ(Neakta Chis Ko)と呼ばれる[2]。このように、民間の解釈に従って、人びとはシヴァをネアクタに同化させていった。それは、シヴァの像がたいてい石でできていたからであろう。民間の意識では、神のための名号というものはなく、神の呼び名や神話のテーマを単純化して覚えやすく、また分かり易くするのである。それと同様に、タケオ県には、ニエン・クマウ(黒い婦人)とその地方の人に呼ばれている前アンコール時代4世紀の煉瓦でつくられた神廟がある。この呼び名は、後の時代になって、シヴァ信仰が民間信仰に融合したときからのものに違いない。なぜなら、ヒンドゥー教の神の名付けの原則に従えば、僧はたいていとても長い法号を使い、決してそのような普通の名前を使ったりはしないからである。また、プノンペン国立博物館の資料によると、この呼び名は、土地の人々が礼拝していた古い像に由来するということである。ただ、この像はフランス人がプノンペン国立博物館へと持ち込み、Ka. 1653という記号をつけてしまった[3]。像は頭の部分が原形をとどめず、2つの手が失われている姿ではあるが、専門家の研究によると、ヴィシュヌ神の妻であるラクシュミー女神の像である可能性があるという。なぜなら、このニエン・クマウ廟で、フランス人は、ヴィシュヌ神の最後の化身であるカルキン(カルキ)像をも発見しているからである。カンボジア芸術の形式の特徴からすると、カルキン像のような種類の像は前アンコール時代7－9世紀に出現するものである。ジャヤヴァルマン1世時代に建てられたプノン・チソル(Phnon Chisor)という名の他の廟では、やはり土地の人々がニエン・クマウと呼ぶ、王冠を戴いた仏像を見ることができる。このようにタケオ県では、専門家によるとウマー女神の像ではないが、ニエン・クマウと人々が呼ぶ像が多く存在する。そしてそれらの中には、仏像まであるのである。このことは、バーデン信仰が土地の人々の意識に深く、濃く影響を及ぼしているため各種の神々のイメージをバーデンと重ねる傾向があるという説明ができるだろう。また筆者は、タケオ県のバーデン像が土地の人からとても大きな力を持っているネアクタ神であると考えられていることを知った。彼女は地域の主のアネクタ神で、その権力の下に地域の村のネアクタ神全てを統括しているのである。さらに特筆すべきことは、カンボジアのタケオ県はベトナムのアンザン省と境を接しているということである。この近接した空間において、筆者は2つの関係が展開されているのを見た。一つは、多くの科学的な成果によって認められた、タケオ県にある扶南王国に属していたオケオーバーテー遺跡地区とアンコール・ボレイ遺跡群との関係である。この関係は、L.Malleret と Pierre Paris が、この2つの場所を繋ぐ古い運河の航空写真によって証明したものである(Louis Malleret 1969 第一集 : 290－300; Pierre Paris 1931: 221－224)。二つ目の関係についてはより詳細な研究が求められるが、タケオ県の住民のバーデン信仰とアンザン省のバーチュアスー信仰が密接な関係をもっているということは考える価値があると思われる。その他、プレイベン省に属するバープノン県には、メ・サール(白い夫人)を礼拝する廟がある。地理の面から考えると、カンボジアのプレイベン省はベトナムのタイニン省に隣接しており、タイニン省はバーデンを礼拝する廟が見られる場所である。ここでは、筆者はまだニエン・マウとバーチュアースー、そしてメ・サールとバーデンがその信仰と礼拝像の起源に関していかなる関係があるのかということについて何も断定することはできないが、個人的には、将来、南部の民間信仰研究はカンボジアの2つの重要な廟、すなわちニエン・マウ廟とメ・サール廟の関係の比較へと広げていかなければならないと考えている。

3. 神話におけるパールヴァティー女神と民間信仰におけるバーデン

インドの伝説の問題に立ち返ると、シヴァ神は2人の妻をもっており、その一人はウマーあるいはパールヴァティーである。彼女は全身黒い肌を持った女性として描かれているため、バーデン（黒い婦人）と呼ばれる。もう一人の妻は、ガンジス川の神であり、ヒンドゥー教の神画で、彼女は白い服を着て、白いワニに跨った白い肌を持つ女性の姿で描かれている。もっとも、経典の中では、彼女は姿のはっきりしない怪物である水の妖怪マカラに跨っているとされる。神譜と東南アジアの肖像芸術学の観点から、筆者は、パールヴァティーはシヴァとセットで、あるいは独立して廟の中に広く見られるが、ガンジス川の女神は神譜にも神画にも滅多に見出すことができないように思われる。おそらく、ガンジス川の女神はインドの土地環境に関連した自然神であるため、その像が東南アジアの住民に熱心に受け入れられることがなかったのであろう。このように、インドの文献を典拠として、バーデンはウマー女神から同化したのであるといえるが、一方、バーチャン（メ・サール）は、仮にガンジス川の女神から同化したのではないとしたら、どこに起源があるのだろうか。その問題について、筆者は、メ・サールについて論じるための別章を立てて分析することとしたい。この章では、ニエン・マウ像についてクメールの民間信仰との関係において解説することに限定して論じる。

水の妖怪マカラに跨るガンジス川の女神
材質：砂岩　年代：紀元前13世紀
オリッサ州、コナーク、ニューデリー
国立博物館展示　ファン・アイン・トゥによる
www.interessantes.at

ワニの背に置かれた蓮華座に座る
白い服を着たガンジス川の女神。
現代美術に属するヒンドゥー教の神画像。

ニエン・マウあるいはバーデン信仰は、ベトナム南部からカンボジア、そしてタイまで広く見られる。というのは、バンコクのチャオメータプティム女神もまたウマー女神信仰の姿を変えた形であり、タイ人の信仰の仕方はカンボジアのニエン・マウ廟において行われているものと酷似しているからである。毎日住民が集まって礼拝するニエン・マウ廟の中で最も重要なのは、シアヌークヴィル港の近くにあるピクニル(Pich Nil)廟である。もう一つ重要な特徴は、カンボジアのニエン・マウ廟の伽藍の中には常にネアクタ・プレーク・エイサイ(Neakta Preak Eisey)を祀る一回り小さい廟が併設されているということである。この形式は、ヒンドゥー教の隆盛期を通じてシヴァ神とウマー女神の一対の像がセットになっていたことを想起させはしないだろうか。また同時に、エイサイという言葉は、シヴァ神が手に持っている宝物の一つをクメール語読みしたものからきている。しかしウマーの像は民間信仰に入ってきた際にニエン・マウあるいはイェアイ・マウ(Yeay Mau)となったが、それはシアヌークヴィル港の土地の者の呼び方に従って俗化されたものであり、もはやウマー女神との関係は分からなくなってしまった。彼女の伝説については、研究者のP.J. Coggan[5]が土地の人が語ったことに基づいて書き残している。それは、タイニン省のリ・ティ・ティエン・フォンという名の少女の物語に似た、聞くに悲しい、人の心を動かす物語であり、ベトナム化されてバーデンとなった。物語によると、ニエン・マウは、元はクメールの女性で、ター・クリ(オン・クリ)という名の夫がいた。夫はカンボジアの総司令官であり、家を遠く離れて戦争に行き、シャム人の侵略を防いでいた。夫恋しさのあまり、彼女は船で彼を探しに出た。首都の近くまで来たとき、大きな嵐が起こり、船に乗っていた人々はニエン・マウが精霊を怒らせたと考えた。なぜなら、彼らは、彼女が妊娠しているのに気付いたからである。昔のクメール人の禁忌では、妊娠した女性が船に乗ることを許していなかった。ニエン・マウが乗客に謝罪し、自ら海へ身を投げると、嵐もまたすぐに消えてしまった。彼女の妊娠中の悲しい死は英霊を突き動かし、彼女は聖霊となって民衆に神と崇められた。著者は、彼女が海に身を投げたことは、カリやドゥルガーのようなウマーの化身に関する昔の信仰に伴って行われた供犠の儀式の名残ではないかと考えている。カンボジアのシャム軍に対する抗戦は、17世紀から18世紀、シャム人の国が力を付けていく情勢を前にクメール王朝が次第に衰微していく時代に起こった。この画期的

5　P. J. Cogann (2014), “Phallic Symbols at Yeay Mao’s Shrine（イェアイ・マオ廟における生殖器像について）” を参照。出典：http://pjcoggan.com/tag/yeay-mao/

な事件を例にとって、ニエン・マウの起源を考えてみると、この彼女に対する信仰は、カンボジアの地でヒンドゥー教がその衰退の局限にあった時期と同じくらいの遅い時代に出現したことになる。物語の中では、彼女は妊娠しているときに自ら海に身を投げて死んだために聖霊となった。死を介した彼女と海との関係は、漁師たちによって考え出され、そして彼らは彼女を自身の海の神にしたのである。彼女の犠牲によって、海が平和で波が穏やかになるのである。シアヌークヴィル港とケップ市のカンボジア人漁民は常日頃から彼女を拝みに行き、出漁に際して安全を願うのである。この信仰は、バリ島の漁民のコミュニティで行われるものとても似ている。彼らも、彼らの文化における一種のバーデンのようにカリ女神を礼拝するが、この信仰は元々、イスラム教以前にジャワ島で盛んであった。ウマーとカリの集合を含むニエン・マウを拝むカンボジアの漁民は、海にちなむ伝説によってそれを俗化したのである。

台座に座るマリアンマン女神。頭の上にはカーラ(時間の神)の象徴があり、左には象神ガネーシャ、右には戦神ムルガンがいる。それ以外にも、後ろに扇を持った侍女が立っており、真ん中には一対の獅子が女神の乗り物として控えている。更に前方には供え物の盆の上に2つに割ったココナツが置かれている。すべての神は主宰神であるマリアンマン女神と同じく皆肌が黒い。
1区、チュンディン通り49番、マリアンマン廟から
出典：https://www.guidevietnam.org/ja/mariamman-hindu-temple-saigon.html

現在カンボジアで礼拝されているニエン・マウ像の考察を通して、筆者はそのほとんどが漆で黒く塗られた石の像であることに気が付いた。この特徴は、明らかに仏教以前のヒンドゥー教の神殿におけるウマー女神あるいはカリ女神と関係がある。そのため、バーデン(黒い婦人)という呼び名は、その像の色についてのそのままの意味通りに解釈できる。チュンディン通り49番地の廟にあるマリアンマン女神、すなわちパールヴァティー女神あるいはウマー女神の像の考察を通して、筆者はまたそれらが南インドの伝統に従った黒であること

を知った。2人の子どもムルガンとガネーシャの間の台座の上に座っているマリアンマン女神像でさえも漆黒の肌をした女神として描かれている。マリアンマン女神の礼拝室の前面には、南インド風の2つのリンガがある。一つのリンガとヨニは低い位置に置かれ、もう一つはとても高い位置にある花崗岩でできた台座の上に置かれている。すべてのリンガとヨニはみな一つの固定された位置に置かれている。それらは近接して列を為し、女神の部屋のすぐ近くを覆うように取り囲んでいる。インドの特徴に従った女神とシヴァ神のリンガとの繋がりは東南アジアの人々の生殖器を崇める信仰に簡単に溶け込んだ。シヴァ神の妻たちと彼のリンガとの関係は、インド、そして東南アジアにおいてさえも、その信仰と肖像芸術学において切り離せないものである。正にそのために、タイのチャオメータプティム廟やカンボジアのニエン・カマウ廟において行われているように、元々はシヴァの妻であった女神にリンガを捧げるという形式において、その関係が活かされるのである。

シアヌークヴィル港のピクニル丘の上にあるニエン・カマウ廟において、毎日住民が集まり、礼拝をする。彼らは、タイのチャオメータプティム廟における儀式と同様に、バナナや焼き豚、鶏、そして生殖器を象ったリンガを捧げる。生活の安定を願って、リンガは女神に捧げられる。それは、リンガというものが伝統的に豊穣を意味するからである。生殖器を礼拝する習俗の起源は、いくらかは、筆者がサイゴンのマリアンマン女神廟で目撃したような、ウマー神とシヴァ神のリンガとの関係からきているのかもしれない。

シアヌークヴィル港の廟にあるメ・クマウ(黒い母)像
P. J. Coggan による

ケップ市の廟にあるメ・クマウ(黒い母)像
P. J. Coggan による

しかし、伝統的な信仰というのは研究者の捉え方であり、一方で一般の人にとっては誰も伝統的信仰とは何なのか理解できないだろう。一般の人々の単純な理解の仕方は、ニエン・クマウの悲惨な死というものから出発しているので、彼女にはリンガを多く捧げれば捧げるほどいい、という訳である。なぜなら、彼らは、それがあればこそ、彼女は夫を恋しがる気持ちも和らぎ、彼を探しに出かけてそのような悲惨な死に至ることももはやなくなるのだと考えるからである。

カンボジア人の信仰においては、ニエン・クマウはまた公道上の交通安全に重要な役割を果たしている。長距離の運転手はしばしば(ニエン・クマウ廟に)車を止めてバナナを捧げ、水をいただいてそれを車の上に撒き、幸運を願う姿が見られる。聖なる水は、ニエン・クマウ廟から流れ出る泉から採られるのである。女神に捧げられるリンガの数が日に日に増えるので、多くの廟でリンガを収めるための付属の建物を増築している。そして、時々彼らは古くなったリンガを焼き捨ててしまわなければならない程である。シアヌークヴィル港の廟を観察していると、昔のアンコールの様式で多くの石に彫刻した美しいリンガとヨニを目にすることがあるが、当然奉納主は裕福な人かカンボジア社会で勢力を持っていた人であっただろう。しかし、ベトナムのキエンザン省、ハーティエン県に接するケップ市[6]の海岸近くにあるニエン・クマウ廟では、その中に著者は線香と蝋燭、そしてバーデンに捧げられた神の造花しか目にしなかった。ピクピルの廟でのようないかなる供物も目にしてない。

4. 結論

14世紀末、ヒンドゥー教の衰退していく時代は、スリランカから大陸部の東南アジアの各国に上座部仏教が勃興していくのを甘んじて許した。しかし、ヒンドゥー教の遺産は上座部仏教の神殿に存在し、主なヒンドゥー教の神々の役割は仏法の守護天となった。パールヴァティー女神あるいはウマー女神は南部クメールとカンボジアの人々の民間信仰に融合し、ネアクタ信仰というような形で礼拝され、上座部仏教の外に存在することになった。このように、ヒンドゥー教の遺産はまた民間信仰に融合し、クメールの上座部仏教と併存するこ

6　P. J. Cogann 2014, “Yeay Mao at Kep（ケップのバーデン）” を参照。
出典：http://pjcoggan.com/tag/yeay-mao/

とになったのである。それに加えて、地方文化は、バーデン、すなわちニエン・クマウを礼拝する儀式における形式の変化を通して重要な影響を与えたのである。

参考文献

1. Lê Hương (1969), *Người Việt gốc Miên*, NXB Thanh Niên, Sài Gòn.（レ・フオン(1969)、『ミャンマーに起源をもつベトナム人』、タインニエン出版社）

2. Lê Hương (1974), *Sử liệu Phù Nam*, NXB Thanh Niên, Sài Gòn.（レ・フオン(1974)、『扶南史料』、タインニエン出版社）

3. Lương Duy Thứ (cb), Phan Thu Hiền, Phan Nhật Chiêu (1996), *Đại cương* văn hóa Ph*ương* *Đ*ông, NXB Giáo dục, Hà Nội.（レ・ズイ・トゥ(主編)、ファン・トゥ・ヒエン、ファン・ニャット・チエウ(1996)、『東洋文化大綱』、教育出版社）

4. Mai Ngọc Chừ (2001), *Văn hóa Đông Nam Á*, NXB Đại học Quốc gia Hà Nội.（マイ・ゴック・チュウ(2001)、『東南アジア文化』、ハノイ国家大学出版社）

5. Malleret L. (1959), *Khảo cổ học Đồng bằng sông Cửu Long tập I (L'Archéologie du delta de Mekong, Volume I)*, Bản dịch của Viện Bảo tàng Lịch sử Việt Nam Hà Nội năm 1960.（マレー・L（1959)、『メコン平野考古学　第一集』、1960年のハノイベトナム歴史博物館訳）

6. Malleret L. (1959), *Khảo cổ học Đồng bằng sông Cửu Long tập II: Văn hóa vật chất ở Óc Eo (L'Archéologie du delta de Mekong, Volume II: La civilization matérielle d Óc Eo)*, Bản dịch của Viện Bảo tàng Lịch sử Việt Nam Hà Nội năm 1970.（マレー・L（1959)、『メコン平野考古学　第二集：オックエオにおける物質文化』、1970年、ハノイベトナム歴史博物館訳）

7. Malleret L. (1962), *Khảo cổ học Đồng bằng sông Cửu Long tập II: Văn hóa vật chất ở Óc Eo (L'Archéologie du delta de Mekong, Volume III: La civilization matérielle d Óc Eo)*, Bản dịch của Viện Bảo tàng Lịch sử Việt Nam Hà Nội năm 1970.（マレー・L（1962)、『メコン平野考古学　第二集：オックエオにおける物質文化』、1970年、ハノイベトナム歴史博物館訳）

第三祖玄光－點碧と女性仏教徒の問題

グエン・ヒエウ・ソン[1]
グエン・フォン・タオ[2]

要旨

1. 玄光(1254 － 1334)と點碧にまつわる話は『祖家實錄』『本行語錄－祖家實錄』のように様々な文献で残されており、『三祖實錄』に収められている。

2. 『三祖實錄』の原文では、「癸丑年(1313)、玄光法師は雲安寺に戻った－王は臣下と状元した莫挺之(1272 － 1346)とともに玄光法師を貶めようとした－點碧宮妃が赴きその美貌で誘惑しようとしたが果たせず、金を用いる計画を立てた－玄光は無遮会でその潔白が証明された－點碧は罰として宮中の寺院の掃除をした」と書かれている。このように、點碧は尼僧ではなく、修行のために寺院を訪れる人を装った人物である。

3. 詩人としての陳明宗(1300 － 1357)を、その詩と論評とともに紹介する。

4. 武瓊が『新訂嶺南摭怪』において玄光の伝説について記したが、話の委細に脚色を加え、読んで面白いと思わせるように神話性を強調している点を指摘する。

5. 18 世紀から、実学精神を背景とした人文科学が発展する潮流に押されて、玄光と點碧の逸話は再び注目を集めるようになり、多くの儒学者が関心を寄せて研究した。

6. 黎貴惇(1726 － 1784)、寧遜(1743 － ?)、阮勸(1835 － 1909)をはじめとして多くの儒学者が、玄光と點碧の逸話を題材にした詩を残している。

7. 結論

玄光と點碧の生涯とその逸話の解釈には二通りあることに留意しなければならない。民間伝承化、古典化する方向がある一方で、現代の人々が文学や芸術を通して受容する動きもある。

1. 昔話や小説、言い伝え、説話をみると、玄光(1254 － 1334)の生涯は『祖

1　ベトナム社会科学院文学院副院長、准教授、博士
2　ベトナム社会科学院文学院修士

家實錄』[3]、『本行語錄ー祖家實錄』[4]など異なった題名で残されており、『三祖實錄』に収められている(『祖家實錄』は『三祖家傳實錄』とも呼ばれるが、ここからは『祖家實錄』に統一する)。『三祖實錄』は1765年の版(グエン・ター・ニー訳)、1897年の版(ティック・フォック・ソン訳・注)が現存しており、そのほかグエン・ラン、ドー・ヴァン・ヒー、バン・タインらによる訳注本などがあるが、どの版に基づくものなのか明記されていない。筆者が分析した限りでは、『三祖實錄』の1765年版と1897年版は基本的に相違が見られない。

原文からは、玄光の生涯に関して、彼がどの程度まで修行を積んだのか、状元したのか、官吏を務めたのか、北方の外交に携わっていたのか、特に點碧との逸話は事実であるのかという、いくつかの重要な点が詳らかになっていない。本稿では、6世紀以上にわたる儒学者たちの玄光と點碧にまつわる逸話に関する意見(武瓊、丹山、黎貴惇、寧遜、阮勸)を考察の対象とする。

2. 実際に、『三祖實錄』が玄光と點碧にまつわる逸話をどのように記したのか、以下のように要約する。癸丑年(1313)、雲安寺に戻った一王は臣下と状元した莫挺之(1272 ー 1346)とともに玄光法師と點碧宮妃を貶めようとした。點碧宮妃が赴きその美貌で誘惑しようとしたが果たせず、金を用いる計画を立てた。點碧は侍女を連れて寺院を訪れ、法師との情事をでっち上げげた。その後、玄光は無遮会でその潔白が証明された。點碧は罰として宮中の寺院の掃除を命じられた ... このように、點碧は尼僧ではないが修行のために寺院を訪れる人を装った人物である。反省の意を示す點碧の行為は、戒律の高い要求と陳朝期における女性仏教徒の正しい修行の道に関する教えとなっている。

当時においては、玄光と點碧の話はお互いしか知らないことであっただろう。ここで注意すべき点がいくつかある。まず玄光と點碧の話はいつ起こったものか、どの王が統治していた時か、師が何歳の時であったかはっきりしていないという点である。癸丑年(1313)の後、師が60歳の時、両国状元の称号を持つ

3 "Thiền sư Huyền Quang" *(Tổ gia thực lục)* (Đỗ Văn Hỷ - Băng Thanh dịch, chú) trong sách: Trần Thị Băng Thanh (chủ biên) (2001) *Huyền Quang – Cuộc Đời, thơ vào đạo.* NXB Thành phố Hồ Chí Minh. tr.149-162.(「玄光禅師」(『祖家實錄』)(ドー・ヴァン・ヒー、バン・タイン訳・注)チャン・ティ・バン・タイン(主編)(2001)『玄光ー人生、詩と教え』ホーチミン市出版社 pp.149-162)

4 *Bản hạnh ngữ lục – Tổ gia thực lục*. trong sách: Thích Phước Sơn (dịch và chú giải) (1995) *Tam tổ thực lục* NXB Thành phố Hồ Chí Minh. tr.77-107(『本行語錄ー祖家實錄』ティック・フォック・ソン(訳・注)(1995)『三祖實錄』ホーチミン市出版社 pp.77-107). 本稿における『三祖實錄』の引用は全て本書から引用した。

莫挺之が関わってきたということだけがはっきりしている。原文では、「その(出来事の)後、師は青梅寺に 6 年住んだあと崑山(寺)を主管し、経典を読経し、後学の者達のために蓮華九品を残した(...)」とある。青梅寺での 6 年と崑山寺を主管していた数年を引くと、この事件は 1313 — 1323 年の約 10 年間、師が 60 — 70 歳の時であったと推測される。研究者のグエン・ラン(Nguyễn Lang)氏は、「この出来事は彼が雲安寺を主管していた頃に起こり、明宗の時代のことである」[5]と述べている。『新訂嶺南摭怪』の武瓊、『玄光行解』の呉時仕、『山居雑述』の丹山のような儒学者たちは皆、玄光を「試した」事件は英宗が主謀したもので、その始終を目にしていたと考えている。陳明宗は 15 年間(1314 — 1329)王位に就き、退位後は上皇の地位に就いたが(1329 ~ 1357)、儒学を盛りたてるために先の王たちのようには出家せず、妃たちにも出家しないように言いつけていた。明宗が上記の事件を主謀した可能性が高いのである。二つ目に、一般的な考えでは、點碧は「20 歳に満たない、きめ細やかな肌をした[...]、素晴らしい美貌を持ちながら学問にも長けており、三教九流の全てを身につけた」女中の一人であり、王から「あの僧は元来色情を好まず、強固な性格をしており、戒行を厳格に実行している。美貌を持ち、話術に長け、歴史や経典にも詳しいお前が、あの僧の元へ行ってみなさい。もし師がまだ色欲に心を動かされるようであれば、証拠として金品を取ってきなさい。お前は黙って従わなければならない」と事細かに言いつけられたことがある。それでは、歳が僧の三分の一にも満たない女中が僧の心を揺さ振ることができたのだろうか？　実際に、確かに點碧は仏を拝みに来た人のふりをして、「雲安寺へ赴き、年老いた比丘尼に出会い、自身の出身地を告げ、出家し修行する許しを請い、国師の元へ連れて行ってもらうようその比丘尼に頼んだ。年老いた比丘尼は、點碧にいつでも師にお茶を入れて差し上げるようにと常に命じていた」。王が提案したという可能性を前にして考えるのは、なぜ點碧は王の厳命を恐れなかったのか？　そして師を貶めることができたとして彼女になんの利益があったのか？　ということだ。三つ目に、三祖玄光はもともと「生まれた時から、波立たない水や塵のついていない鏡のように有無を会得していて」、なぜこの期に及んで心を乱

5　Kim Cương Tử (chủ biên) (1994) *Từ điển Phật học Hán – Việt.* Tập 2. Phân viện Nghiên cứu Phật học Hà Nội. Hà Nội, tr.1789（キム・クオン・トゥー（主編）(1994)『漢越仏教学辞典』第 2 巻 . ハノイ仏教学研究分院、ハノイ、p.1789）.

すのか？　さらに玄光は初めから點碧のことを疑っており、「師は、あの者は淫らで不真面目な挙動を見せ、仏教の教えに誠実に従う者ではないと感じ、すぐに僧や尼僧たちに命じて年老いた比丘尼を責め、里に帰り夫を娶り、生きるために手に職を持ち、年老いて仏の教えを学ぶ時を迎えるのを待つように點碧に伝えた」が、なぜいとも簡単に王から賜った金を疑わしい娘に渡してしまったのか？　このことは寺院の戒律と仏道に心から厳格に従い、修行者を騙った點碧とは全く異なる女性たちの戒律から間接的に確認することができる。四つ目に、王が無遮会を開き玄光がその法力を見せつけて「埃が舞い空を覆い(...)、あらゆるものが舞い上がり、六種供具しか残らなかった」ことは、密教色が強く、大衆化しつつも俗世離れしたイメージを色濃く表しており、多くの古典でよくみられる結末に似ている。五つ目に、大衆的な色の強い結末でも「火のないところにどうして煙が立つのか」という疑いが依然としてある。さらに、師がこの出来事の後に雲安寺を離れて青梅山に 6 年滞在したことと、最後には崑山寺を主管したことは関連しているのか？　これらの出来事から、グエン・ラン氏は「點碧が雲安寺で起こした事件は恨みによる作り話の可能性がある。雲安寺は流派の中枢であり、ここを主管する任務を羨ましく思った人がいたのだろう。そのため師は本当に静寂な場所を求めて青梅山や崑山寺へ赴いたのだ[6]」という見解を示した。

3. 実際に、当時の人々も玄光の評価を題材にした詩を詠んでいる。陳明宗(1300 ～ 1357)の詩では、冒頭で「第二の場所の主」に言及したものが『聖登語錄』に収められている。詩の後半は言葉にし難い心情を含意したような漠然としたくだりがある。

將謂有所得,
所得何物焉？
將謂無所得,
參學非徒然。
所得無所得,
欲語殊難硯(言)。
言語既難得,

6　Nguyễn Lang (1994) *Việt Nam Phật giáo sử luận,* Tập 1, in lần thứ tư, NXB Văn học, Hà Nội, tr.438(グエン・ラン（1994)『ベトナム仏教史論』第 1 巻、第 4 版、文学出版社、ハノイ、p.438）.

誰受復誰傳。
葛藤亦不少，
如縛更添纏。
止止。
然而不得已，
短偈復重宣。
（得られたものがあるというのなら、
得られたものはなんだというのか？
得られたものがないというのなら、
参禅は無駄だったのだろうか？
得られたことと得られなかったこと、
言葉にしたくとも本当に言葉にし難い。
言葉にしなければ、
誰が学び継承してくれようか？
蔓もはびこり、
巻きつかれて縛られているようだ。
やめよう！　やめよう！
しかしどうしても、
短い偈で思いを表さずにいられない。）[7]

詩の後半部分は得道について述べているが、人生や 2 つの別方向の概念：有得－無得、参禅－無駄、言葉にしたい－言葉にし難い、誰が学び－誰が継承する、蔓がはびこる－巻きつく ... までその意識を広げている。玄光に捧げると題された詩は、修行や解脱の道について述べており、そのほかにもまだはっきりとしない深遠な気持ちを暗に含んでいるのだ。

4. 玄光がこの世を去ってからわずか 100 年後の 15 世紀後半に生まれた武瓊（1453 － 1516）は『新訂嶺南摭怪』に玄光にまつわる話を書いている。『三祖實錄』と比べると細部まで忠実に描き、なおかつより物語的で娯楽性の強い描き方をしている。例えば、「鶴のような後ろ姿、龍のような目」のような師の容貌を詳

7　Trần Minh Tông “Tặng Huyền Quang tôn giả”, trong sách: Nguyễn Huệ Chi (chủ biên) (1989) *Thơ văn Lý-Trần*, Tập 2, Quyển thượng, NXB Khoa học Xã hội, Hà Nội, tr.810-813（陳明宗「贈玄光尊者」グエン・フエ・チー（主編）（1989）「李－陳詩文」、第 2 巻、上巻、社会科学出版社、ハノイ、pp.810-813）.

細に描いている；通常の倍（８文）ある『西江月』から始まる、英宗と莫挺之が玄光をそそのかす謀略を話し合う場面を細かく描いている；點碧の名前が雲碧に変わっている；若い女性と連れ立って行ったのではなく、「老女とともに安子山に至った」；話を聞くと「王は玄光にひどく苛立った」；儀式が始まると、玄光は「すぐに自身の前世のことを考え、頭をあげて嘆いた」；結末に玄光に尊崇の念を抱いていた明朝の黄福の話が足された[8]…。作中には著者の論評がない。玄光と點（雲）碧の出来事は冤罪であるという解釈をしており、師には数多くの功績があり、民衆から尊ばれ神聖な存在で国中に知れ渡っていたとしている。総じて儒家である武瓊は冤罪のことを中心に描いており、玄光の徳業が仏道を重んじて称揚するものであるとしている。

5. 18 世紀から、実学の精神と人文科学の発展という背景により、玄光と點碧の物語は多くの儒家たちが関心を寄せ、理解を試みる問題に再びなった。『状元寺鐘記』に記された呉家文派の一人は、玄光は儒教にも仏教にも精通していたとしている。「儒教と仏教は名前こそ違うが同じ教えだと考える。（…）一般的に 2 つの教えの大意は互いに合わないものがない。そのため儒教に対して造詣が深い人は仏教に惹かれる。玄光上人こそが儒教に造詣が深く禅の道に傾倒した方である。『石室と、[…]毛皮の上着』の詩は、千年後でも人々にその情景を思い起こさせることができる文体である[9]」。儒家である呉時仕（1726 － 1780）は『玄光行解』（玄光の行いに関する論評）の中で様々な状況や可能性を示し、玄光が人助けの精神から思いがけず釈明が難しい災いを引き寄せてしまったのだとしている。「情けをかけて金を与えたところ、その女の策略にはまり、朝廷での灌仏会で不名誉な災いを被った。金を与えたとは、その女のために「自らを犠牲にする」ということだ！　師は慈悲の心をもって、身の潔白を証明しがたい出来事に自らの名声を捨ててしまったのだ！　初めは気の迷いか妖艶な声のせいでか招き入れ、次にその生まれつきの美貌をもって語らい、そして巧みな話術で油断して金を与えたのだ、この時の師の心情を押して知るこ

8　Vũ Quỳnh (1993), *Tân đính Lĩnh Nam chích quái,* (Bùi Văn Nguyên dịch và chú giải), NXB Khoa học Xã hội, Hà Nội, tr.235-252（武瓊（1993）『新訂嶺南摭怪』（ブイ・ヴァン・グエン訳・注）社会科学出版社、ハノイ、pp.235-252）.

9　Ngô gia văn phái, “Bài kí chuồng chùa Trạng Nguyên” (Băng Thanh dịch), trong sách: Trần Thị Băng Thanh (chủ biên) (2001) *Huyền Quang – Cuộc đời, thơ và đạo,* tr.164-165（呉家文派「状元寺鐘記」（バン・タイン訳）チャン・ティ・バン・タイン（主編）（2001）『玄光ー人生、詩と教え』pp.164-165）.

とはさらに難しくなった。そのため師のために「反論」したい者はただ師の「忍従」を増やしただけであった。今日我々は師の時代とは何百年も離れた時代を生きているが、疑いを晴らしたいのであれば、どうして師の歩み、師が作った詩歌や言葉を根拠として用いないのか？」[10]。呉時仕はこう述べた後に師の業績、略歴、得度、品行、そして「黄昏時の山の空」や「古き質素な風格」を思わせる詩歌を紹介して、師が清らかな心の持ち主であったことを示す根拠としている。そして最終的に、次のような結論を示している：「師はこの上なく思慮深いため、出家前に師が貧しい女性に対してかけた求婚の言葉は例外的である；師の行いが明白なものだとすると、祭壇の上の肉や魚を使った料理が精進料理に変わる話は漠然としている。のちに静斎が「陳朝の行程は何度も命令したが師の徳行を犯すことはできなかった」と記している。竹林三祖はこのような人たちであるのだ！」

続いて、儒家の丹山（本名不詳、1737 － 1740 年ごろ生まれ）は玄光と點碧に関する見解を『山居雑述』の『安子山寺僧』（安子山の寺の僧）の中で述べている。丹山は『付伝記』から引用して、説話の物語を情感豊かに具体的に描写している：「夕暮れになり、點碧は玄光の居室にきて一晩ここで明かしたいと申し出た。師はその者が宮妃とは知らず、厳粛に断った。彼女は言葉を選んで一生懸命頼んだ。師は拒みきれず、彼女の言葉を受け入れて居室の隅に寝かすことにした。三つ刻になり、月が明るく黄金に輝いている。風が突然吹き抜け、簾を揺らす。師は横になったものの寝付けないので、外へ出ることにした。ふと點碧の絹の穿き物がずり下がり、雪のように白い肌があらわになっているのが目に入った。師は意に介さず背を向けて行ってしまった。月が次第に闇夜に沈んでいき、竹の影が戸を覆っている。師が寝室に戻ってきたときには、點碧の桃色の穿き物は完全にずり落ちてしまっていた。師は心が動揺するのを止めることができなかった。師はすぐさま、字喃で絶句を作り、釈迦仏も情を捨てきれていないという意味の文を詠み込んだのだ！　そして、師が非難しても、宮妃は断固として聞こうとしない。火が勢いよく燃え上がる、師は王が點碧に下賜

10　Ngô Thì Sĩ, “Huyền Quang hành giải ” (Băng Thanh dịch), trong sách: *Huyền Quang – Cuộc đời, thơ và đạo,* Sđd, tr.166-170（呉時仕「玄光行解」（バン・タイン訳）『玄光－人生、詩と教え』上掲書 pp.166-170）.

した金の数を数えて彼女と眠った」[11]。丹山は続く下りで、王が無遮会を開いて「煌々と輝く月の光が水面に映る ...」から始まる字喃の詩を証拠として示すと師がすぐさま以下の絶句漢詩を読んだと述べている：

三十六経無拓語
試情堪笑亦堪悲
世間三事難除了
好酒肥羊嫩女兒
（三十六の経を諳んじる
昔の情事を無理に笑う
この世には排し難いことが三つある
濃い酒と肥えた山羊と若い娘だ）

俗人、戒律を破る私利私欲に満ちた人のような、仏教の思想の本質に背く物質的な欲や俗な色情を満たそうとする語り口であり、上記の詩が玄光によるものだとは信じがたい。玄光がこのように無遠慮かつ傲慢に世論を気にもとめず挑発さえすることはありえない。

同時に、丹山は「後世の人」の詩として伝承されている 2 篇の詩を引用している：

講堂鐘静夜迢迢
誰料牙眉半寂寥
色欲不知何処火？
禅林覚得一時焼
（講堂の鐘は音もなく遠くに霞んで見える
誰か笑っているのだろうか
色欲は何処で火をあげるかわからない
禅の庭は瞬時に燃えてしまう）
（ラー・ソン訳）

多多塵慮曖陶禅

11　Đan Sơn, "Yên Tử sơn tự tăng" (Kiều Thu Hoạch dịch) trong sách: Trần Nghĩa (chủ biên) (1997) *Tổng tập tiểu thuyết chữ Hán Việt Nam,* Tập 2, NXB Thế Giới, Hà Nội, tr.362-365（丹山「安子山寺僧」（キエウ・トゥー・ホァック訳）チャン・ギア（主編）（1997）『越南漢文小説総集』第 2 巻、世界出版社、ハノイ、pp.362-365）.

独山妨幾許年
一寺素僧経染色
曹溪無水洗惶鐲
（俗があふれ禅を隠している
白い絹と僧は勢いよく色に染まり
曹溪には禅を洗い清める水がない）
（ラー・ソン訳）

この2篇の作者不詳の詩はどちらも吟詠詩で、玄光と點碧の話を認め師の徳業を批判する意図が読み取れる。

最後に丹山は玄光と點碧の話を『三祖実録』の原文に沿ってまとめ直し、以下のように結論づけている：「国史と『登科録』を見ると、英宗即位6年目の年(1298)は会試が行われなかったことがわかる。ここに書かれていることに関する伝承はそれぞれ異なっている。僧達がでたらめを言って自分たちの恥ずかしい部分を隠そうとしているのである。到底信じることができない！」

全体的に見ると、この伝説は注目すべき特徴が2つあることがわかる。一つ目に、著者は自分の主観に基づいて問題を捉えて理解しようという意図を持っていて、はじめに『付伝記』に沿って論を展開し、民間資料や伝承、「後世の人」による詩も受け入れて、それから正史などと比較している点。二つ目に、事件の大まかな流れは保ちつつも、内容や書き表す形式の面で重要な変化がある点である。それぞれの詳細や要素が付け加えられており、それによって描写技術がより躍動的で色彩豊かになり、創作やフィクションの作法がより多く取り入れられている。このことは儒教の考え方が持つ支配力や儒教化の傾向を示しており、玄光の生涯と點碧との間の話を丹山が文学作品の登場人物として評価し理解することに関心を抱いていたことを示している。

6. 范廷琥(1768 − 1839)、潘輝注(1782 − 1840)... などの記述には触れないが、中世には黎貴惇(1726 − 1784)、寧遜(1743 −？)、阮勸(1835 − 1909) ... 多くの儒家が玄光について詩を残しており、その多くが玄光と點碧を題材にしている。

文化的著名人である、黎貴惇は、おそらく玄光と點碧の話を信じなかった人のひとりであろう。黎貴惇は『見聞小録』の中で、玄光について「陳朝期の人物で、見識が広く優れた詩を詠んだ人である。『越音詩集』に師に関する「煌々と輝く月の光が水面に映る …」という字喃の絶句が収められているが、修行者の態度とは違うように思える」[12]と述べている。玄光について吟じた詩について、黎貴惇は2篇の詩を示している。一つは根拠のない話に関して議論して祖師の名声や品行を高める目的を持った『話玄光師異三娘仔金事』（玄光師が3番目の娘に金を送った話に関する議論）である：

一掛袈裟万念忘
楽神無計拌陳王
茶憂無巻空中色
鉛粉羅衣分外香
得道固応標六祖
傳名亦不腐三娘
寒灘無己何為賈
易醜冷人笑話場

（一度袈裟を身につけると万事を忘れる
楽川の女神は陳王を惑わすことができない
茶や詩集は無色であって
白粉と口紅と絹衣は分外な良い香りがする
得道は六祖の教えに従うべきだが
名前が知れ渡っても第三の娘は貶められない
寒灘と無己が何を成し遂げたというのか？
悪評を残し世間に冷笑されただけだった）[13]

二つ目は『観大慈寺』（大慈寺参観）で、黎貴惇は昔の寺の様子を描写しながら（伝承によると、この寺は玄光師によって万載郷にある家のすぐ隣に建てられた）、竹林禅派の三祖の功徳を讃えている：

蓮台頽弊草曚毬
仏像無言証色空
香宙映残松曄月

12　Phạm Trọng Điềm (dịch, chú giải) (1977)、*Lê Quý Đôn toàn tập,* Tập 2, NXB Khoa học xã hội, Hà Nội, tr.293（ファム・チョン・ディエム（訳・注）(977)『黎貴惇全集』第２巻、社会科学出版社、ハノイ、p.293）.

13　*Huyền Quang – Cuộc đời , thơ và đạo,* Sđd, tr.171-175（『玄光－人生、詩と教え』上掲書 pp.171-175）.

天観吹暴滌花風
竹林師弟流神外
即墨江山夢醒中
六百年来流水過
利名何事苦匆匆
（蓮の萼が傾いて、草木はぼんやりと揺れている
仏像は何も言わず、無の境地でいる
風が仏前の花を吹き飛ばし
香りだけが残り月光が松の木を照らす
竹林の師弟はその精神に基づいて
即墨は山河と混じり溶けていく
水が流れるように600年以上が経ったのに
権力と名声はなぜ終わりを迎えないのか）
（バン・タイン訳）

もう一人、寧遜という儒家が玄光に関する三連句を詠んでいる。一つ目の詩は『画題花煙寺』（花煙寺に関する詩）で伝承に言及しながら花煙寺の美しい風景を描写している：

鬆鬆鐘響出禅坰
渙得塵心俗夢醒
古樹不愁玄衲去
山禽仍為碧妃鳴
高僧結絡修行果
老石除留賞玩情
即景詩眸収集徧
承涼傾耳聴泉声
（昼下がりに寺の鐘が鳴って
喧騒とともにしがらみが消える
師は進む、山は陰鬱ではない
妃がいなくて森の鳥が鳴いているのだから
師の修行の成果は究極だが
石を眺めて楽しむ心は残っている

詩人の目があらゆる情景を見て
涼風を待ち泉の音に耳を傾ける）[14]

（ドー・ヴァン・ヒー訳）

二つ目の詩は『憶玄光』（玄光を思う）で、この詩は師の品行を高く評価し、俗人の心の乱れに対する同情を示して無限の時間に対する哀愁が持つ永遠の美しさを肯定している：

三級才経課浪門
便詞名利訪禅昏
不鏞鐘鼎牽慈氏
要把煙霞錬状元
疑貌可僧陳帝誉
贍金移貴后宮諢
客来欲冦真修訣
勝跡唯余水石村
（三祖は部門を越えて
その名声は禅定に至る
大きな鐘鼎でも仏心を止めることはできず
煙霞で鍛錬して状元しなければならない
陳帝は徳を試したが満足いかず
妃は金を受けたために悪く言われた
真の修行者にその秘訣を聞くと
故郷の村に勝る景勝地はないという）

（ホアン・レー訳）

三つ目の詩は『挽碧娘』（碧妃を悼む）で、事件が起きてしまったことを嘆き、昔のことや碧妃の利己的で衝動的な行動を許すとともに、色空の理に対する不安定な感情を表している：

碧娘一辞別山門
千古仍羞憒大諢
欲処麝蘭薫仏境

14　Hoàng Lê (chủ biên) (1984) *Thơ vn Ninh Tốn,* NXB Khoa học Xã hội, Hà Nội, tr.124-128（ホアン・レー（主編）（1984）『寧遜詩文』社会科学出版社、ハノイ、pp.124-128）.

何期木石鎖禅昏
嬌姿無力傾空国
浄水何嫌解色冤
旅客徘徊尋玉跡
徐風不許剩香存
(碧妃が山門を去る
長い間自分のことを哀れんでいる
蘭麝を使って仏寺を香らせたいが
そうしたら木や草が禅観にとらわれてしまう
佳人は国を揺さぶるような力はない
清らかな水が冤罪を流すことを嫌うのか
旅人があちこち回り昔の跡を探す
風は香りを少しも残さない)
(チャン・ティ・バン・タイン訳)

寧遜の3編の詩は、この出来事が事実であるか創作であるかは重要ではなく、この出来事について記憶から消してしまいたいという意が込められている。類似の詩に君主制末期の儒家阮勸の『詠玄光』があり、祖師のことを高く評価して、容姿端麗な人をむやみに批判することに警告する意が詠まれている：

抜俗超群一等人
好朋法力謝君親
揹纏好爵為身累
長往深山練性真
誓与鶴猿多証果
憐多風月伴閒身
美人謾作環金継
仙景元来不染塵
(非凡な者こそが俗人を超える
君親の恩に報いるために法力を注ぐ
縛り付ける紐のような爵位や俸禄を期待せず
深い森に分け入り真の修行を行う
鶴や猿とともに大きな道をなすことを誓う

風や月が友となり互いにくつろぐ
金を渡したのは美人の策略が無駄になったに過ぎない
極楽はもともと塵界の色に染まっていない)[15]
（ゴー・リン・ゴック訳）

儒家や文人たちが鋭い視点を持ってそれぞれ異なる観点からこの問題を見る中で、儒家や文人たちは、人文科学的な面を明らかにして市井の人々が誇張した煩雑な箇所をそぎ落としてその美しさに焦点を当てて、永久に平穏な自然界と一体化することに注力している。玄光と點碧の話が事実であろうが創作であろうが問題ではなく、儒家や文人たちは、その利他の精神を受容し、重要な部分を取り出して、魅力的で情感溢れる詩に昇華したのだ。

7. 結論

玄光が仏に帰依してから7世紀近くが経つが、俗世の人々は彼について語り続けている。玄光と點碧の話に関しては、誰もこれ以上詳しく知ることもできない、完璧に理解することもできない、説明することもできない出来事になったように思われる：

平灘の水を全部組み上げようとも
師の嘆きを洗い流すことはできない
（歌ことわざ）

中世期には、儒家たちは様々な意見を主張した。儒－仏－道の一体化の心を深く刻むこともあれば、儒教化と一方向からの道理の考え方による評価方法について明らかにすることもあれば、多種多様な俗世に対する利他の精神を形容する方法を洗練して、人生の教えとして深く染み入る詩を残すこともあった。玄光や彼と點碧の話に関する儒家たちの意見を概括するだけでも、儒－仏－道の関係と人文科学的思想が発展してきた過程や、文人や儒家たちの観察眼や想像力に依拠したダイナミックで豊かな文章技術の特徴をはっきりと感じることができる。玄光の生涯および彼と點碧の逸話には二つの異なる方向の理解の方法があることに留意しなければならない：一つは民間伝承化そして古典化する動きであり、もう一つは現代の人々が文学作品やその文章技巧を通して受容す

15　*Huyền Quang – Cuộc đời, thơ và đạo,* Sđd, tr.189-190（『玄光－人生、詩と教え』上掲書、pp.189-190）.

る方法である。[16]

16　下記を参照されたい：

・Nguyễn Đổng Chi (2000) “Huyền Quang”, trong sách *Kho tàng truyện cổ tích Việt Nam,* Quyển 2, Tập 2, in lần thứ tám, NXB Giáo dục, HN, tr.1102-1108（グエン・ドン・チー（2000）「玄光」『ベトナム昔話集』第 2 巻、第 2 集、第 8 版、教育出版社、ハノイ、pp.1102-1108）.

・Đỗ Văn Hỷ, “Câu chuyện Huyền Quang và cách đọc thơ thiền”, *Tạp chí Văn học,* số 1-1975, tr.61-70（ドー・ヴァン・ヒー「玄光の逸話と禅詩の読み方」『雑誌文学』1-1975 号、pp.61-70）

・Thích Phước An “Thiền sư Huyền Quang và con đường trầm lặng của mùa thu”*Tạp chí Văn học*, số 4-1992, tr.48-52（ティック・フォック・アン「玄光禅師と秋の重く静かな道」『雑誌文学』4-1992 号、pp.48-52）

・Hoàng Công Khanh “Cung phi Điểm Bích – Bà chúa tình yêu (Kịch thơ hợp thể truyền kì , 3 cảnh)”, trong sách: *Huyền Quang – Cuộc đời, thơ và đạo* Sđd, tr. 191-206（ホアン・コン・カイン「點碧宮妃ー愛の聖人（伝記詩劇、3 幕）」『玄光ー人生、詩と教え』上掲書、pp. 191-206）

・Trần Thị Băng Thanh, “Câu chuyện một bài thơ”, trong sách: *Huyền Quang – Cuộc đời, thơ và đạo,* tr. 207-221（チャン・ティ・バン・タイン「ある詩の話」『玄光ー人生、詩と教え』上掲書、pp. 207-221）

参考文献

1. Thích Phước An, "Thiền Sư Huyền Quang và con đường trầm lặng của mùa thu" *Tạp chí Văn học,* số 4-1992（ティック・フォック・アン「玄光禅師と秋の重く静かな道」、『雑誌文学』4-1992 号）

2. Thích Phước Sơn (dịch vá chú giải) (1995), *Tam tổ thực lục,* NXB Thành phố Hồ Chí Minh（ティック・フォック・ソン(訳・注)（1995）『三祖實録』ホーチミン市出版社）

3. Nguyễn Đổng Chi (2000), *Kho tàng truyện cổ tích Việt Nam*, Quyển 2, Tập 2, in lần thứ tám, NXB Giáo dục, Hà Nội（グエン・ドン・チー（2000）『ベトナム昔話集』第 2 巻、第 2 集、第 8 版、教育出版社、ハノイ）

4. Đỗ Văn Hỷ, "Câu chuyện Huyền Quang và cách đọc thơ thiền" *Tạp chí Văn học*, số 1-1975（ドー・ヴァン・ヒー「玄光の逸話と禅詩の読み方」『雑誌文学』1-1975 号）

5. Trần Thị Băng Thanh (chủ biên) (2001), *Huyền Quang – Cuộc đời, thơ và đạo,* NXB TP Hồ Chí Minh（チャン・ティ・バン・タイン(主編)（2001）『玄光一人生、詩と教え』、ホーチミン市出版社）

6. Nguyễn Lang (1994), *Việt Nam Phật giáo sử luận*, Tập 1, in lần thứ tư, NXB Văn học, Hà Nội（グエン・ラン(1994)『ベトナム仏教史論』第 1 巻、第 4 版、文学出版社、ハノイ）

7. Phạm Trọng Điềm (dịch, chú giải) (1977), *Lê Quý Đôn toàn tập*, Tập 2, NXB Khoa học xã hội, Hà Nội（ファム・チョン・ディエム(訳・注)（1977）『黎貴惇全集』2 巻、社会科学出版社、ハノイ）

8. Vũ Quỳnh (1993), *Tân đính Lĩnh Nam chích quái* (Bùi Văn Nguyên dịch , chú giải), NXB Khoa học Xã hội, Hà Nội（武瓊(1993)『新訂嶺南摭怪』(ブイ・ヴァン・グエン(訳・注)社会科学出版社、ハノイ）

9. Đan Sơn, *Yên Tử sơn tự tăng* (Kiều Thu Hoạch dịch), trong sách: Trần Nghĩa (chủ biên) (1997) *Tổng tập tiểu thuyết chữ Hán Việt Nam,* Tập 2, NXB Thế giới, Hà Nội（丹山「安子山寺僧」（キエウ・トゥーホァック訳)チャン・ギア(主編)（1997）『越南漢文小説総集』第 2 巻、世界出版社、ハノイ）.

10. Hoàng Lê (chủ biên) (1984), *Thơ văn Ninh Tốn,* NXB Khoa học Xã hội, Hà Nội（ホアン・レー（主編）（1984）『寧遜詩文』社会科学出版社、ハノイ）

11. Nguyễn Huệ Chi (chủ biên) (1988), *Thơ văn Lý-Trần,* Tập 2, Quyển thượng, NXB Khoa học Xã hội, Hà Nội（グエン・フエ・チー（主編）（1988）『李－陳詩文』第2巻、上巻、社会科学出版社、ハノイ）

段氏点著『傳奇新譜』所収「雲葛神女録」[1]の柳杏公主像を通してみる伝統的な女性にとっての仏教

リゥ・グエン・タオ・グエン[2]

摘要

柳杏(リュウハイン)聖母は、ベトナム民間信仰の四不死[3]の中で唯一女性を代表する神であり、紅霞女士段氏点(ドアン・ティ・ディエム)が18世紀の前半に、『傳奇新譜』中の「雲葛神女録」に書いた四府(マウ教)[4,3)]の聖人である。柳杏公主の姿を通して、読者は仏教がベトナムの民間信仰と習合する過程における仏教文化の痕跡を認めるだけでなく、女性についての人間愛に満ちた仏教哲理とベトナム民間信仰における女性の役割を称揚する傾向、ここでは具体的にはマウ教であるが、それらの間の理想的な出会いに直接触れることになるだろう。本稿はそういった問題について明らかにしていきたい。

それは今を去ること2500年前に、人類への無辺際の愛情から、そして超越的な智慧によって生まれた。ゴータマ・シッダールタ王子は幾多の苦難と課題を乗り越え、ある平等な宗教の「覚者」となった。彼はインドの地に生まれたが、それは広く東方に広がっていった。それがすなわち仏教である。

全人類の全ての女性が父系制度によって押さえつけられていた闇の時代において、釈迦は初めて勇敢にも「男女は同権である」と宣言した人だった。彼は、

1　訳注　Vân Cát Thần Nữ Lục

2　リゥ・グエン・タオ・グエン　ホーチミン社会科学人文国家大学、文化学大学院研究員

3　訳注　四不死は、民間で信仰されている四人の不死の人物で、傘圓山聖、扶董天王、褚童子、柳杏公主（あるいは徐道行という説もある）のこと。その信仰の起源、成立時期は明らかではない。Vũ Ngọc Khánh, Phạm Minh Thảo, Nguyên Vũ (2002), *Từ Điển Văn Hóa Dân Gian,* Nxb. Văn Hóa – Thông Tin（ヴー・ゴック・カイン他（2002）『民間文化辞典』文化通信出版社）

4　訳注　マウ（Mẫu）はタイン・マウ（Thánh Mẫu）ともいい、ベトナム民間信仰の女性の神々を指す。それぞれの神々はメ（Mẹ）と呼ばれる。例えば、四府信仰では四つの世界があると言われており、天界にはメ・チョイ（Mẹ Trời）、水界にはメ・ヌオック（Mẹ Nước）... といった具合である。マウ（Mẫu）という語は漢字表記すると「母」となる漢語であり、また、Mẹも「母」を意味するベトナム語である。従ってマウの信仰とは、人間が母をもつように、自然現象にもそれを生み出した母を想定して人格化して崇める、民間信仰である。Vũ Ngọc Khánh, Phạm Minh Thảo, Nguyên Vũ (2002),　Nxb. Văn Hóa – Thông Tin（ヴー・ゴック・カイン他（2002）『民間文化辞典』文化通信出版社）

「女性は男性の生みの親である」と指摘した。そしてまた、女性に「学問と見識を日々磨く」必要があると助言した。このことは、女性、特にアジアの女性にとって、中世の長い夜の間の夢であった。アジアは、ヴァルナ(階級)制度をもつヒンドゥー教や三綱五常の思想をもつ儒教など男尊女卑の思想に深く影響されている土地であったからである。

伝説によると、仏教は極めて早い時期からベトナムに入ってきた。それは、紀元前の最後の世紀であったと褚童子[5]4)の昔話に記されている。しかし、地域の仏教の一大中心地であるルイラウ(バックニン省)の遺跡からは、仏教は紀元後 1、2 世紀にはベトナムに存在したことが指摘されており、それは中国における仏教の中心地におけるのよりも早い。また、当初から古ベトナムの地には、ベトナム仏教において女性の発見が見られたということは述べておかなければならない。このことも容易に理解できることである。なぜなら、ベトナム文化は水稲文化であり、開放的で多面的な性格を持っていて、意識の中から民間の信仰に至るまで女性の役割というものを肯定していたからである。仏母マン・ヌオン像と四法の神々[6]5)は仏教と接触をもった際のベトナム民間信仰の臨機応変な性格を示している。更に、寺院は、仏教の神聖で厳粛な空間であるが、「王の土地、村の寺、極楽のような風景」という俚諺があるように、寺院はベトナムの村落風景の美観であるだけでなく、寺院は男性と女性が平等の権利をもって仏教の儀式やいろいろな祭りや、純ベトナム風の民間文化の活動などに参加する文化的な場でもあった。そして、正にこの親しみやすさによって、仏教寺院はベトナム人が、そして特にベトナムの女性が、仏に加えて、「先仏後母」あるいは「先仏後神」という形で自らの信仰に従い、神や聖人を拝む祠や廟と同じようなものとして存在し続けているのである。別の角度から考えると、仏教の発展に伴って、ベトナムの仏教に「女性化」の現象が起ってきた。それは

5　訳注　Chử **ĐồngTử**、漢字表記すると［褚童子］は有名なベトナムの神。注 2) を参照。

6　訳注　四法とはザオチャウの四法寺にある四柱の女神のことである。伝説には次のようにある。ある寺で寝ていたマン・ヌオンを和尚が跨ぐと彼女は妊娠し、子を産んだ。和尚はそれを仏の子であるとして、木の中に入れてしまった。その木はやがて四つに分かれ、それを使って仏像がつくられた。それが、法雲（長女)、法雨（次女)、法雷（三女）そして法電（末娘）である。この像を作ったとき、職人は木の中に一つの石を見つけた。川に落ちてしまったその聖なる石をマン・ヌオンが持ち帰り、小さな祠を作って祀ったという。Vũ Ngọc Khánh, Phạm Minh Thảo, Nguyên Vũ (2002), *Từ Điển Văn Hóa Dân Gian*, Nxb. Văn Hóa – Thông Tin（ヴー・ゴック・カイン他（2002）『民間文化辞典』文化通信出版社）

例えば、観音やその後それが化身したティ・キン観音、トン・トゥ観音、バー・チュア・バーなどである。

特に、柳杏公主は、ベトナム民間信仰の四不死の中の女神であり、同時に純ベトナム的な信仰の一つであるマウを崇める信仰における聖人の筆頭でもあるが、幾分かは仏教思想の影響も受けている。多くの柳杏公主の行動が仏教思想を体現している。しかし、それは時間と労力をかける必要のある大きな問題である。従って、この小論においては、段氏点が 18 世紀初頭の数年間の間に『傳奇新譜』中の「雲葛神女録」に「書き記した」柳杏公主像の、仏教に関連した具体的な 2 つの部分にだけ言及しようと思う。

生家に仏弟子の家を選ぶ

『傳奇新譜』の中の「雲葛神女録」には、柳杏公主の行状について書かれた話があるが、段氏点がタイ・コンの家族を柳杏公主の生家に選んだことは偶然ではない。段氏点が挙げている理由は、「その家には、善行に励むレ・タイ・コンがいた。日ごろから昼夜香を焚いて仏を拝み、仕事が忙しい時でも、礼拝を忘れることはなかった。」［段氏点『傳奇新譜』Ngô Lập Chí và Trần Văn Giáp 訳 2013: 94 頁］ということである。仏弟子タイ・コンの家族を柳杏公主の生家に選んだことは、段氏点が「目覚めた者」、「悟った者」を選び「困苦を解決する道」を用意しただけではなく、ベトナムに応用できるやり方で表現された仏教の「因果」の学説を示そうとしたのである。それは、ベトナムの諺に言う「優しい者は幸福に出会う」ということであった。

柳杏公主の誕生はタイ・コンの夢に予告されていたが、それについて、ベトナムの民間信仰と仏教との融合であるということをここで述べておくべきだろう。

仏教では、夢を見る原因の一つはフィードバックであり、善いことをすれば、それが表層に現れて吉夢となり、反対に悪いことをすれば、それが表層に現れて凶夢となる。正にそのために、タイ・コンのような「善行に励む」「悟った」仏弟子は当然吉夢を見るのである。更に、ベトナムの民間信仰においては、聖人と普通の人間との間を区別する。従って、柳杏公主の母が「出産の時期を過ぎて」おり、ただ「いい香りの線香や花の供え物」のみを好むようになったというのは、聖人を生むという予知だったのである。このように周到に準備した

(民間信仰と仏教精神の間の融合)上で、段氏点は読者を、タイ・コンが何層もの雲の上に上がり、選ばれて現世へと降りていく娘に会うという夢へと導く。それは、彼の家に柳杏公主が生まれてくるという予知であった。「タイ・コンが次第に正気を取り戻すと、妻はすでに女の子を生んでいた。その夜、めずらしいお香が部屋の中に香り、門には吉兆の印が浮かんでいた。タイ・コンは、神が今夢で告げたのは仙女が降誕するということだったと考えた。そこで、子に「降仙」と名付けた[段氏点『傳奇新譜』Ngô Lập Chí và Trần Văn Giáp 訳 2013: 96-97 頁]。

段氏点『傳奇新譜』中の「雲葛神女錄」は物語の冒頭部分にだけ夢が出てくる(タイ・コンの仏教徒の家族との関連で)。しかし、それは重要な夢であり、ベトナム民間信仰の四不死となった(その中でも女性の唯一の代表)一人の聖人の架空の不思議な世界を開く夢なのである。仏教とベトナム民間信仰の相関関係において考えると、このことは多くのことを語っている。

仏を敬い、感謝する姿勢

仏教についての認識(冒頭部分)に続けて、段氏点は、柳杏公主がランソンでフン・カック・コアンに会う部分で、仏を敬い、感謝する姿勢を再確認する。「仏像が埃にまみれ、訪れる人が少なくなった」のを見た柳杏公主は、フン・カック・コアンのところに何度も現れたが、「(フン・カック・コアンが)寺の隅々まで探しても、(公主の)何の痕跡も見つからず、ただ「モッ」の木だけが道に横たわっていた。それを注意深く見てみると「卯口公主」の四文字がある。また「モッ」の木の上に板が立ててあり、そこには「氷馬已走」とあった」。

「フン・カック・コアンと一緒にいた人がこの句の意味を聞いたところ、彼が言うには、「卯口公主」に「モッ(木)」を加えると、ほら、「柳杏公主」になるだろう。そして、「氷馬已走」の方は、フン(馮)という姓の者(フン・カック・コアン)が事を起こすのを待つ、となるわけだ(「氷(冫)」を「馬」の傍に付けると「馮」になり、「走」の中に「已」があると「起」となる)」[段氏点『傳奇新譜』Ngô Lập Chí và Trần Văn Giáp 訳 2013: 109 頁]。

フン・カック・コアンはその時、大使の任務から帰る途上であったが、直ちに決心した。「彼はすぐにその村落の父老たちを呼び、金を渡して寺を修繕し、廊下の左側に詩を掲げさせた。その詩に曰く、「叢林寂寞弗人家」(「人」が「弗」

の傍らに立つと「佛」となる)。意味は、「寂寞とした叢林に仏の家がある」となる」[段氏点『傳奇新譜』Ngô Lập Chí và Trần Văn Giáp 訳 2013: 109 － 110 頁]。フン・カック・コアンのおかげで、そんな深山幽谷にも仏が現れたのであり、また、それは柳杏公主のおかげでもあった。それは、仏が特に女性に、そして広くは衆生に与えた信心と勇気に対しての一人の女神としての、一人のベトナム女性としての敬意であり感謝であった。そして、尊敬と感謝の精神は諸仏の性格であり特徴であるということは強調しておかなければならないだろう。そして、段氏点『傳奇新譜』中の「雲葛神女錄」における、他に誰でもなく正に聖母柳杏公主だけがそれを成しえたのである、なんと素晴らしいことだろう！

このように、『傳奇新譜』の「雲葛神女錄」において段氏点が示した 2 つのちょっとしたエピソードによってだけでも、柳杏公主が神として、仏として十分な資質と資格を備えていることが分かる。しかし、柳杏公主の姿を通して、『傳奇新譜』の「雲葛神女錄」が読者にもたらした最も意義深いものは、ベトナムの女性は自由であるということに他ならない！　そのように女性が自由を得られるのは、原始に起源を持つ民間信仰において、ベトナムの女性は氏族の先頭に立ち、食事を分配し、子を生み、コミュニティを育む人であったということであり、そして何よりその意識は、女性についての仏教の哲理の人類愛に満ちた光の反射によって輝くからである。

聖母柳杏公主についてのベトナム民間信仰における最も深い部分というのはこういったことなのだ！　そして、『傳奇新譜』の「雲葛神女錄」における、聖母柳杏公主の姿というのは「男女平等」という問題においては一歩先んじていた(儒教の時代においては唯一の存在であった)のである！　そして、それは前代のベトナム女性の切なる願いであっただけでなく、仏の教えを実現する手段でもあった。それを、段氏点が『傳奇新譜』に書いた「雲葛神女錄」の中の聖母柳杏公主の姿を通して具体化したのである。

参考文献

1. Đoàn Thị Điểm,_*Truyền kỳ tân phả,* Ngô Lập Chi, Trần Văn Giáp dịch (2013), NXB Trẻ và NXB Hồng Bàng TP HCM, tái bản.（ドアン・ティ・ディエム『傳奇新譜』、ゴー・ラップ・チー、チャン・ヴァン・ザップ訳(2013)、青年出版社、ホーチミン市ホンバン出版社、再版）

2. Vũ Ngọc Khánh, Ngo Đức Thịnh (1990), *Tứ bất tử* (Bốn vị thánh tử), NXB Văn hóa Dân tộc, HN.（ヴー・ゴック・カイン、ゴー・ドゥック・ティン(1990)、『四不死(四聖人)』、民族文化出版社、ハノイ）

3. Nguyễn Công Lý (1997), *Bản sắc dân tộc trong văn học Phật giáo Thiền tông thời Lý-Trần,* chuyên khảo, NXB Văn hóa Thông tin, HN.（グエン・コン・リー(1997)、『李陳朝期の禅宗仏教文化における民族の特色』、文化通信出版社、ハノイ）

4. Nguyễn Công Lý (2002), *Văn học Phật giáo thời Lý-Trần: diện mạo và đặc điểm,*_chuyên khảo, NXB Đại học Quốc gia TP HCM.（グエン・コン・リー(2002)、『李陳朝の仏教文化：その容貌と特徴』、ホーチミン市国家大学出版社）

5. Nguyễn Công Lý (2009), “Phật giáo Việt Nam trong mối giao lưu – tiếp biến với Phật giáo Ấn Độ, Phật giáo Trung Quốc và văn hóa – tín ngưỡng dân gian bản địa”, *Nguyệt san Giác Ngộ,* số 165, tháng 12/2009.（グエン・コン・リー(2009)、「インド仏教、中国仏教及び現地の民間文化・信仰との接触と交流におけるベトナム仏教」、『月刊覚悟』第 165 号、2009 年 12 月）

6. Ngô Đức Thịnh (2010), *Đạo Mẫu Việt Nam,* NXB Tôn Giáo, HN.（ゴー・ドゥック・ティン(2010)、『ベトナムのマウ教』、宗教出版社、ハノイ）

Hóa – Thông Tin（ヴー・ゴック・カイン他(2002)『民間文化辞典』文化通信出版社）

『禪苑集英』に見る仏教における女性の役割

グエン・ヒエウ・ソン[1]
グエン・フォン・タオ[2]

要旨

1. 禅師による68の説話が収録された『禪苑集英』において、妙因尼師こと李玉嬌(1042 － 1113)が唯一登場する尼師であることを確認する。

2. 妙因尼師の辞世の詩や詩偈が持つ感情の機微、独創的で豊かな悟りが、深い文学性を示し、俗世に存在するあらゆる衆生に対する哀れみや寛大な心、そして道理の概念を提示している。

3. 禅師たちの誕生の逸話を分析すると、父母や祖父母の世代を遡っていったり自らの前世が現れたりする夢を見るというような、超常現象が常に関わってくる。「母が立派だと優れた子が生まれる」という民間の思想、この世の人は皆前世の縁でこの世に生を受けているので徳の高い禅師も同様に、理解を超えたもの、素晴らしい品性の真・善・美の結果として生まれたという仏経観との類似を強調する。

4. 智寶禅師(? － 1190)と弟子の、人の道理や道徳の教授は同類、家族、夫婦などの人情関係に基礎を置いた、戒律に関するやりとりを明らかにする。

5. 終わりに：『禪苑集英語錄』に書かれており、認識されている、修行生活における女性仏教徒及び在家信者の地位、役割を改めて確認する。

1. 仏教史において、女性の修行に関する問題はそれほど多く取り上げてこられず、重要視されていなかった。広い意味で言えば、どの僧侶も母親がいてその母親たちが子孫のために仁愛を持って育てて、寺との縁を取り持ったということから、仏教に関係する女性はとても重要な役割を担っている。女性仏教徒は通常、妮（徳を積んだ女性、出家した女性）、尼僧団（授戒した女性の集まり）、尼戒（女性修行者の348の戒）、女居士（在家の女性仏教徒）、女性檀家、尼寺（女性僧侶によって主管されている寺）、尼僧（女性僧侶、比丘尼）、天女（女性の天

1　ベトナム社会科学院文学院副院長、准教授、博士

2　ベトナム社会科学院文学院修士

人、欲界天に住む)[3]、のような語の中に見受けられる。禅師による68の説話を収録した『禪苑集英』(1337)に関しては、妙因尼師(1042 — 1113)が唯一女性として登場している。現実には、女性仏教徒、修行者、在家信者やその他関連する問題は、女性仏教徒が誕生した時から李朝の時代に到るまで、多くの面で意味がある。

2. はじめに、『禪苑集英』唯一の尼僧、妙因尼師について述べる[4]。

『禪苑集英』によると、妙因尼師は毘尼多流支禅派の17世代目に属しており、仙游県の香海尼僧院(現在のハノイ郊外ザーラム県フードン村に位置する)を主管していた。元の名前を玉嬌と言い、奉乾王(李日中皇子の爵位、李太宗の子)の長女である。生まれながら温厚な性格で、態度は礼儀正しく、幼少期から李聖宗に宮中で育てられた。大きくなると、王は黎姓を持つ真登(現在のフート省ソンタオ県及びタムタイン省に位置する)の州牧の元へ嫁がせた。黎氏がこの世を去ると、彼女は節を全うし再婚しないことを誓った。このことから、妙因尼師はもともと王家の血筋の者で、かつては夫がいて政治的交渉をするような閉ざされた場所に住んでいた。そして、黎氏の夫が亡くなった後、李玉嬌は節を全うして再婚しないことを誓ったのである。

ある日、彼女は「この世の道理を全て見てきたが、どれも幻想に過ぎない。ましてや取るに足らない栄華など頼みにすることができようか」ともらした。それから彼女は自分の全財産を民に恵んでやり剃髪して、扶董郷の真空禅師(1046 — 1100)の元へ菩薩戒の受戒に行った。尼師は熱心に学び、真空から妙因という法名を賜り、香海尼僧院を主管するようになった。尼師は修習し禅行を修め、当時の尼僧の中で模範と言われる域に達した。学びたいと志願するものが訪ねてきて、師は大乗の教えを実践するために全てを教えた。師曰く、「自性の源に行き着いたならば、頓悟するか漸悟するかはそれぞれだが気づくこと

---

3 Kim Cương Tử (chủ biên), *Từ Điển Phật Học Hán-Việt,* Tập 1 Phân viện Nghiên cứu Phật học Hà Nội, Hà Nội, 1992, tr.1092-1093(キム・クオン・トゥー(主編)『漢越仏教辞典』第1巻、ハノイ仏教研究分院、ハノイ、1992、pp.1092-1093)

4 "Ni sư Diệu Nhân (1042-1113)", *Thiền uyển tập anh* (Ngô Đức Thọ - Nhuyễn Thuý Nga dịch, chú giải) Phân viện Nghiên Cứu Phật học–NXB Văn học, Hà Nội, 1990, tr.233 — 235(「妙因尼師(1042 — 1113)」『禪苑集英』(ゴー・ドゥック・ト、グエン・トゥイー・ガー訳・注)仏教研究分院−文学出版社、ハノイ、1990、pp.233 — 235)参照。『禪苑集英』の引用は全て本書からである。

ができるだろう」。師はいつも静かで、美しい音でも響くのを避けるのを好む。ある弟子が問うて曰く、「衆生が病めば我々もまた病みます、なぜ美しい音でも避けないといけないのですか？」。師は金剛経を引きながら答えて曰く、

若以色見我
以音声求我
是人行邪道
不能見如来
（もし色を以て我を見、
音声を以て我を求む。
この人は邪道を行ず、
如来を見る事能わず。）

また問うて曰く、「静かに座っているのはどうでしょうか？」。答えて曰く、「もともと歩いていません」。また問うて曰く、「話さないのはどうでしょうか？」。答えて曰く、「教えにもともと言葉はありません」。

上の引用から、妙因尼師李玉嬌の道理の実践過程の特徴がうかがえる。一つ目は、尼師の道理への気づきは頓悟と漸悟があり、万法ではなく、自性を悟った時に、喜捨、剃髪、道理を学ぶことを欲する意識が芽生えたのだ。二つ目は、妙因尼師は真空王海蟾禅師（1046 － 1100）の元で学び、香海尼僧院を主管するようになり、「尼僧の中で模範と言われる域に達した」すなわちこの時代は尼僧も尼僧院もかなり高度に発達していたのである。三つ目は、弟子を持つようになってから、妙因尼師は自性や根源、本来（『唯識論記』の定義：自性つまり本性（...）。自分すなわち自性のみを固守すること）[5]を重んじる大乗の教えを伝えていくことにこだわっていた。尼師が美しい音を避けることは、「安座」（静かに座る）－「無去進」（動かない）、「無言」（言わない）－「道本無言」（教えにもともと言葉がない）などの信念を明確にしていて、妙因尼師は教理を熟知していた人で、弟子たちに有－無の理解の仕方を気づかせようと大乗の教えを説いていた人である。

『禪苑集英』の「妙因尼師」の最後には以下のように書かれている。

---

5 Kim Cương Tử (chủ biên), *Từ Điển Phật Học Hán-Việt,* Tập 2, Phân viện Nghiên cứu Phật học Hà Nội, Hà Nội, 1994, tr.1789（キム・クオン・トゥー（主編）『漢越仏教辞典』第 2 巻、ハノイ仏教研究分院、ハノイ、1994、p.1789）

「會祥大慶四年(1113)、師は病に罹り僧衆を呼び、偈を読んで曰く、
生老病死,
自古常然。
欲求出離,
解縛添纏。
迷之求佛,
惑之求禪。
禪佛不求,
杜口無言。
(生老病死とは、
昔からの理である。
そこから逃れようとすればするほど、
その理に縛られる。
迷いて仏に祈り、
戸惑いて天に祈る。
天も仏も望まず、
言葉を無駄にするだけだ。)
読み終わるや否や、髪を洗い身を洗い清め、結跏趺坐して入寂した、
72歳であった」

この最後のくだりは、この世を去る時は静寂とともに安らかに逝けるように、主導的で思いのままにいるという入寂のモチーフの水準や規範を感じちれる。実際には、人間が死んだ後に「来世」や「生まれ変わり」があるのかは定かではないし、託生できるのかも定かではないが、感覚はなんらかの形で残ってきたしこれからも残っていくのなら、特に生死の境にいるときに心が慰められるだろう。道行のような僧侶自身、「古師幾度作今師」と信じており、すなわち段文欽のような僧侶も廣智師の死の悲しみを「院前山水是真形」と考えて少しずつ癒していったのだ。このように、禅師も仏教を信じる衆生も、死というものに高い関心を寄せており、臨終の際に個性的な辞世の詩や詩偈を読む。辞世の詩や詩偈が持つ感情の機微、独創的で豊かな悟りが、深い文学性を示し、人が必ず通る道について述べるだけではなく、俗世に存在するあらゆる衆生に対する哀れ

みや寛大な心、そして道理の概念を提示している[6]。

妙因尼師について、『大越史記全書』は以下のように記述している。

> *癸巳(會祥大慶)四年(1113)、(宋正和三年)。夏、六月、真登州の州牧の夫人である李氏の公主が亡くなった。(夫人の名は玉嬌、奉乾王の長女で聖宗に宮中で育てられ、大きくなると公主として真登州の姓が黎という州牧の元へ嫁ぎ、夫の死後、夫人は未亡人でいることを誓い、修行を積み尼僧になり、72 歳で亡くなった。神宗が尼師を奉った。)*[7]

チャン・ティ・バン・タインによると、詩偈の内容を精査すると、特に最後の二行から「玉嬌の考え方がわかり、彼女が自然の客観的な理を受け入れていると読み取れる。彼女の考えでは、人が生まれたら成長して歳をとると弱って死ぬのは「常理」であり、昔からそうである。もしその理から逃れようと仏や天など超自然的な力にすがろうとしても、それは迷いにしか過ぎず、より自分自身が縛られてしまうだけだ。そのため、人間は仏に祈る必要もなく、言葉を無駄に使うべきでもない」[8]

3. 僧侶たちの母親が持つ役割

『禪苑集英』に収録された、禅師たちによる 68 の説話を見ると、禅師たちの誕生の逸話が基本的に話の導入の役割を担っており、形式及び「生」という現象に対する理解がかなり統一されている。描写方法を見ると、禅師たちの誕生を超常的な現象、事物、夢に関連させている。禅師たちの父母や祖父母の世代を遡っていったり、自らの前世が現れたりする話もある。

禅師たちの誕生を描くときに、単純に誕生の事実のみを語るのではなく、父母の祖先特に母方について遡り、ある特定の個人を産むために「縁」の土台を作り出そうとする「作業」とも言えるような行為をしている。以下は「雲峯禅師（?－957)」の場合である。「妊娠中、母は常に戒律を守り、仏経を読んでいた。出産時、後光が家中に広がり、両親は、これは珍しいことだ、将来は子供を出

6　Nguyễn Hữu Sơn, *Loại hình tác phẩm Thiền uyển tập anh,* NXB KHXH, Hà Nội, 2002, tr.215（グエン・ヒウ・ソン『禪苑集英の作品の形態』社会科学出版社、ハノイ、2002、p. 215）参照。

7　*Đại Việt sử kí toàn thư,* Tập 1, (Ngô Đức Thọ dịch, chú trích) NXB KHXH, Hà Nội, 1998, tr.286（『大越史記全書』第 1 巻（ゴー・ドゥック・ト訳・注）社会科学出版社、ハノイ、1998、p.286）

8　Trần Thị Băng Thanh, "Mấy nhà thơ phụ nữ thời đại Lý – Trần", *Tạp chí Năn học*, số 2-1973, tr.9 － 16（チャン・ティ・バン・タイン「李・陳朝期の女性詩人たち」『雑誌文学』2-1973 号、pp.9 － 16）

家させようと決めた」。次は悟印禅師(1020 — 1088)の場合である。「瞿姓の母は夫の元へ嫁ぐ前、森の近くの墓地の隣にある家に住んでおり、鳥を罠にかけて捕まえる人たちを見た。彼女曰く「悪事を働いて生きるくらいなら、良い行いをして死ぬほうがましだ」。ある日、座って機を織っていると、大きな猿が森から出てきて彼女の背中にしがみついた。一日中そうしていて、やっとどこかへ行ってしまった。その後、彼女は自分が妊娠していることに気づいた。子供が生まれると、その子は見た目が醜かったので彼女はその子を嫌い、すぐに森に捨ててきた。村には譚姓の占城人の年老いた僧侶がおり、その僧が赤ん坊を連れ帰って氣と名付けて育てた」。次は「真空禅師(1046 — 1100)」の話である。「母が身籠もると、父はインド人の僧侶が錫杖を授ける夢を見た。その後師が生まれた。師は幼い頃から孤児となり、些細なことには気を取られず、苦労して寺の書物で学んだ」など、様々な話がある。

自らの起源やそれを形作る基礎を遡ることで、『禪苑集英』における禅師たちの誕生を特徴付けており、悉達多太子つまり釈迦牟尼の影響または類似点を見て取れる。『法華経』の『如来寿命品』[9]によると、釈尊曰く「私は成仏してから久しく、どれほど経ったかわからない、私の寿命は無量無辺に長い。私はもともと不滅なのだ」（我成仏已来　甚大久遠　寿命無量　阿僧祇劫　常住不滅）[10]。このように、「世尊として」成長する前から、世尊は「現存する過去」と「無量阿僧祇の劫」を既に持っていた ... このように考え方から、『仏土の歴史』の第一部は「過去の因縁」から始まり、凡夫、太子、王、仙人、火あぶり地獄に落ちた姿、肉を切って鳩を助けた姿、知恵を得るために財産と妻子そして自らの頭を差し出して兜率天に登り、人間たちを救うために俗世に降りてきた姿など、世尊のこれまでの前世の姿を紹介している。この後が「俗世に降りた現し身の時代」に入り、「降臨の兆候」の項は次のように始まっている。「澄み切った白い光、湖の蓮は生き生きと花を咲かせ、風が心地よく吹き、香りがふわりと立ち込める。摩耶夫人はうつらうつらと眠りこけている。突然、聡明な顔つきで身なりが整った人が 6 本の牙を持った白象に乗って空から降りてきた。そして彼女の右脇に

9　訳者注：『如来寿量品』のことと思われる。

10　D. T. Suzuki, *Cốt tuỷ của đạo phật,* (Trúc Thiên dịch), in lần hai, NXB An Tiêm, Sài Gòn, 1971, tr.51（『仏教の大意』（チュック・ティエン訳）第 2 版、アンティエム出版社、サイゴン、1971、p.51）

潜り込んだ。彼女はたくさんの天女が歌って祝頌しているのも見た」[11]…

上の記述から、前世の生まれ変わりや、父母や祖先が功徳を積んできた結果として生まれてくるという禅師たちの誕生の特徴がうかがえる。このことは『禪苑集英』の説話だけに見られる個別的な現象ではなく、仏教の影響を受けた地域に古く広範囲にわたってある伝統である。誕生という事象そのものも、理解を超えた2つの問題と関係している。一つ目は、民間思想の中では、英雄たちに「母が立派だと優れた子が生まれる」という栄誉を与えるために、母親がうっかり何かを飲み込んだり、(聖擣の伝説のように)人の足跡に自分の足を乗せてみたりする … というようなモチーフが昔話でよく用いられる。つまり、英雄たちの誕生は星の巡り合わせの結果であり、自然の霊力による創造の結果であり、人知を超えた何か不思議な力によって定められたとみなすのである。二つ目は、仏教の考え方では現世の人間は前世の行いによって生まれてきて、過去の現し身である。善縁、善業(母たちは良い行いをし、菜食を行い、殺生しなかった)が実を結び、禅師たちは徳が高くなった。この考え方は、人間は前世の因縁によって生を受けるという仏教の輪廻の概念に相似するし、そのものである。

このように、祖父母や父母が良い行いをして、奇妙な夢を見るというのは、禅師の誕生に備えよと告げる兆しなのである。『禪苑集英』の説話にみられる禅師の誕生と超常現象の深い関係から、このような考え方も「世の人を感動させる」方法であると言える。つまり、禅師たちは自身に意味や必然性(善業の成果、前世の概念、縁の起源、来世 …)を持って生まれてきて、縁が巡ってくるのを待たなければならず、人知を超えた霊験あらたかな力(超常現象、変な夢などの予兆)がそれを告げるのを待っている。そのため、徳の高い禅師たちは超常的なもの、優れた人格から、真・善・美の結果として生まれてくるのである。我々からすれば、これも禅師の誕生が超常的な現象と関わりが深いことを理解するための基礎となる。

4. 智寶禅師(? − 1190)と在家の戒律

『禪苑集英』では、智寶禅師(? − 1190)が仏を求め、修行を繰り返したのち、人の道理や道徳の教授は同類、家族、夫婦などの人情関係に基礎を置いた、戒

11 Thiều Chửu, *Lịch sử Phật tổ*, in lần thứ tư, Đuốc Tuệ xuất bản, Hà Nội, 1951, tr.38-39(ティエウ・チュウ『仏土の歴史』第4版、燭慧出版、ハノイ、1951、pp.38-39)

律に関するやりとりを行っている。

ある日師が家にやってきて、弟子たちは楔で止めたように詰めて座った。ある人が問うて曰く

どのような状態が足るを知るなのですか？

答えて曰く

出家した者も在家の者も、皆足るを知るという状態でなければならない。「足るを知る」状態を知っていれば、外側から侵してくる者もいないし、内側から自分を傷つけることもない。草の葉のように小さく些細なものでも、人からやると言われなければ取ってはいけないし、他のものなら尚更だ。人のものというのは、思い焦がれるとついにはそこで止まらなくなり盗みの心を生み出す。人の妻、妾もそうだ、思い焦がれるとそこで止まらなくなり邪婬の心が生まれる。皆、私の詩偈を聞きなさい。

菩薩資財知止足，
於他慈恕不侵欲。
草葉不與我不取，
不想他物徳如玉。
菩薩自妻方知足，
如何他妻起貪欲。
於他妻妾他所護，
安忍自心起心曲。

（タイン・トゥー訳）

菩薩はものがちょうどいいのを知っていて、
人には慈悲の心を持ち、欲しがったり侵したりしない。
些細なものでもくれたものでなければ取らず、
高貴な人のものは気にも留めない。
菩薩は家にいる妻で十分であり、
どうして他の者の妻を欲しがることがあろうか？
統治者や他の者の妻や妾、
どうして曲がった気持ちが起ころうか。

（ホアン・レー－ドー・ヴァン・ヒー訳）

財産は足るを知り、欲張ってはいけない、
争うことに心を砕かず、慈悲の心を持つべきだ。
もらっていないのなら草の葉なんか何のために取るのか？
宝石のような心が誰のものを欲しがるのか！
自分の妻で十分だ、
他の者の妻に思いを巡らして何になるのか？
誰の妻でも愛して、
好んで不義や邪婬の心を起こすのか…[12]

上の散文と詩偈を比較すると、「草葉不與我不取」つまり草も取らない、「不想他物徳如玉」つまり他人のものを欲しがらない、「他妻起貪欲」「起心曲」つまり自分の妻と他人の妻の対比と邪欲の話という描写の細かい点と、主題となっている「足るを知る」の間には、絶対的なほどに呼応していることがわかる。この詩偈は叙事的な文学としての言葉が「精錬」されており、情景を生き生きと描写する言葉遣いが生まれ、より頭に残りやすくなっている。このような考え方と芸術的表現方法は「変文」様式と完全に一致する。さらに、この有機的関係に着目すると、『李・陳詩文』の編者は上にあげた文章そのまま全て引用しようとしたことがうかがえる（つまり、「詩歌の価値を保存する」部分の詩偈のみを掲載するのではなく、詩偈と共通の主題を持つ「答人知足之問」（「知足」の二文字について問う者に答える）も掲載している）。

「変文」様式の起源をインド文学から中国文学までみて追い、西洋の宗教的説話と比較し、この仏教文学の口承方法とそれを用いた布教方法がどのようなものであったか考えて、東洋学研究者であるソ連社会科学アカデミーのN. I. Konratは以下のように結論づけた。

「一般信者の大半は文字が読めなかったので、深い理解を得るのは難しかった。そのような布教環境であったので、資料（経文、偈）の多くは「外道の者への説教」という形式で、口承で伝えられた。おそらく中世の各仏教寺院では、中世のヨーロッパの修道院と同じような状況であっただろう。経文や高僧の話を選んで信者に読んで聞かせるのである。我々がすでに知っているように、こ

12 "Nguyễn Trí Bảo", *Thơ văn Lý – Trần*, Tập 1, (Nguyễn Huệ Chi chủ biên), NXB KHXH, Hà Nội, 1977, tr.519-520（「阮智寶」『李・陳詩文』第1巻（グエン・フエ・チー主編）社会科学出版社、ハノイ、1977、pp. 519-520）より。

の方法で「聖人伝」という中世文学のジャンルの一つが誕生した。「読み聞かせ」たり、「外道の者に布教」したりするには、聞いている者を楽しませなければならない。そのため、聞かせる話は面白く、感動しやすいものでなければならない。このことは宗教絵画にも通じるものがある。描かれるものは特別印象に残るもので、普通とは違った点がなければならない。「変」という言葉で中国語に翻訳される仏教用語は、「通常とは違う」という意味である。敦煌の寺院にある壁画の一部はそのような主題を持って描かれており、中国語でいう「文」という説明書きが添えられている。「変文」という語はこのようにして生まれ、そのような絵に関する説明を添えるという役割を持っている。「変な出来事に関する話」ー高僧や信者の通常とは違う出来事がその対象となったとき、「変文」という言葉は特定の口話のジャンルを指す言葉になった。しかし、文学の一ジャンルになる過程で、「外道の者に布教する言葉」は、元々の出発点であるインドの説話において、芸術的な方向へと向かうことになる。インドのこのジャンルが持つ特徴は、聞いている者に最も影響を与えられるように詩と文学的文章が融合しているという点である。この形は、すでに中国が詩と文章の融合を実践していたため容易に実現できる。そのようにして「変文」が、詩と文学的文章を融合させることで叙事的性格を強めて精錬させるという文学的ジャンルとなった[13]」。

以上の説明から、智寶禅師の説法が「変文」のスタイルを色濃く持っており、これは妻や周りの女性たちに正しく接し、邪欲や邪婬を起こして他の女性特に他人の妻に接することがないように在家信者たちを教育するという狙いがあったという分析をすることができるだろう。この詩は女性や性の平等の問題を唱えた、仏教における貴重な詩とみることができる。ここから封建社会において「他人」であり隷属する人とみなされていた妻に対して丁重に接するという教えを学ぶことができる。

5. 終わりに

文学というものが確立していく初期段階では、女性信者の問題は注意を向けられておらず、女性の修行者も多くはなかった。『禪苑集英』においては、妙因尼師李玉嬌に関する話のみであると言える。妙因尼師が女性信者を代表する優

13　N. I. Konrat, “giao lưu văn học thời trung thế kỉ” (Trịnh Bá Đĩnh dịch), *Tạp chí Văn học,* số 2-1996, tr.33 − 34（N. I. Konrat,「中世文学の交流」（チン・バー・ディン訳）『雑誌文学』、2-1996 号、pp.33 − 34）

れたシンボルであるなら、母親たちの役割は功徳を積み縁を繋ぎ、子を産み育て、子を修行の道に導いたという点でより意義がある。より広い視点で見ると、妻－「夫人」というイメージは、男性－在家信者－生きとし生けるもの一人一人が、自らとつき合わせて比較して自らの行いを熟慮するための人物としてみることができる。このことは直接的にも間接的にも、これは在家信者の修行生活や日常生活における女性仏教徒の役割と地位が認められるものである。

参考文献

1. Kim Cương Tử (chủ biên) (1992), *Tử Điển Phật Học Hán-Việt,* Tập 1 Phân viện Nghiên cứu Phật học Hà Nội, HN.（キム・クオン・トゥー（主編）（1992）『漢越仏教辞典』第 1 巻、ハノイ仏教研究分院、ハノイ）

2. Kim Cương Tử (chủ biên) (1994), *Tử Điển Phật Học Hán-Việt,* Tập 2, Phân viện Nghiên cứu Phật học Hà Nội, HN（キム・クオン・トゥー（主編）（1994）『漢越仏教辞典』第 2 巻、ハノイ仏教研究分院、ハノイ）

3. *Thiền uyển tập anh* (Ngô Đức Thọ - Nhuyễn Thuý Nga dịch, chú giải) (1990) Phân viện Nghiên Cứu Phật học–NXB Văn học, HN（『禪苑集英』（ゴー・ドゥック・ト、グエン・トゥイー・ガー訳・注）（1990）仏教研究分院ー文学出版社、ハノイ）

4. Nguyễn Hữu Sơn (2002), *Loại hình tác phẩm Thiền uyển tập anh,* NXB KHXH, HN（グエン・ヒウ・ソン（2002）『禪苑集英の作品の形態』社会科学出版社、ハノイ）

5. (Ngô Đức Thọ dịch, chú thích) (1998) *Đại Việt sử kí toàn thư*, Tập 1, NXB KHXH, HN（ゴー・ドゥック・ト訳・注）（1998）『大越史記全書』、第 1 巻、社会科学出版、ハノイ）

6. Trần Thị Băng Thanh, “Mấy nhà thơ phụ nữ thời đại Lý – Trần” *Tạp chí Văn học,* số 2-1973（チャン・ティ・バン・タイン「李・陳朝期の女性詩人たち」『雑誌文学』、2-1973 号）

7. D. T. Suzuki (1971) *Cốt tuỷ của đạo phật* (Trúc Thiên dịch), in lần hai, NXB An Tiêm, Sài Gòn（鈴木大拙（1971）『仏教の大意』（チュック・ティエン訳）第 2 版、アンティエム出版社、サイゴン）

8. Thiều Chửu (1951) *Lịch sử Phật tổ*, in lần thứ tư, Đuốc Tuệ xuất bản, HN（ティエウ・チュウ（1951）「仏土の歴史」、第 4 巻、燭慧出版、ハノイ）

9. (Nguyễn Huệ Chi chủ biên) (1977) *Thơ văn Lý – Trần*, Tập 1, NXB KHXH, HN（グエン・フエ主編）（1977）『李・陳詩文』、第 1 巻、社会科学出版社、ハノイ

10. N. I. Konrat, “giao lưu văn học thời trung thế kỉ” (Trịnh Bá Đĩnh dịch), *Tạp chí Văn học*, số 2-1996（N. I. Konrat「中世文学の交流」（チン・バー・ディン訳）『雑誌文学』、2-1996 号

ベトナムの文学・芸術を通して観る女性仏教修行者の姿

ダオ・ティ・ジェム・チャン[1]

摘要

数は多くないとはいえ、各時代を通して、ベトナムの文学・芸術に女性仏教修行者の姿が見られる。本稿は、ベトナム仏教の修道女の姿や人物の登場する文学、舞台、そして映像作品を紹介、要約する。それは例えば、『ティキン観音』[2]、『南海観音佛事跡』[3]、『仏子峠の話)』[4]、『詠尼姑』[5]、『三祖寔録』[6]、『雨中随筆』[7]、『金雲翹』[8]、『潘陳傳』[9]、『タイ、出家する』[10]、『老妓帰依』[11]、『心の火を消して』[12]、『蝶魂仙夢』[13]、『そして、ある午後』[14]、『出家したひと』[15]、『黄色い花畑』[16]、『寺へと続く流れ』[17]、『雲の眠る草庵』[18]、『火葬』[19]、『尼姑談雲』[20]、『盥の中の愛姫』[21]、『河仙外史記小説』[22]、『門前の花嫁衣裳』[23]、『白粉の半生』[24]、『サイゴン別動隊』[25]などの作品である。それに加えて、本稿はそれらの作品に登場する尼僧の姿のいくつかの特徴を分析し解説もしてみたい。文学作品中の尼僧たちの姿を調べることにより、ベトナムの尼僧に対する新たな視点、理解を補い、そしてそのことによって、現実世界の尼僧と文学作品におけるそれとの間の関係を理解する手

1 ホーチミン市社会人文科学国家大学、修士、研究生
2 訳注 Quan Âm Thị Kính
3 訳注 Nam Hải Quan Âm Phật sự tích
4 訳注 Sự tích đèo Phật Tử
5 訳注 Vịnh ni cô
6 訳注 Tam Tổ thực lục
7 訳注 Vũ trung tùy bút
8 訳注 Truyện Kiều
9 訳注 Truyện Phan Trần
10 訳注 Cô Tây đi tu
11 訳注 Lão kỹ quy y
12 訳注 Tắt lửa lòng
13 訳注 Hồn bướm mơ tiên
14 訳注 Thế rồi một buổi chiều
15 訳注 Ai đi tu
16 訳注 Động hoa vàng
17 訳注 Có một dòng sông lên chùa
18 訳注 Am mây ngủ
19 訳注 Giàn thiêu
20 訳注 Ni cô đàm vân
21 訳注 Nàng Ái Cơ trong chậu úp
22 訳注 Hà Tiên ngoại sử ký tiểu thuyết
23 訳注 Áo cưới trước cổng chùa
24 訳注 Nửa đời phương phấn
25 訳注 Biệt động Sài Gòn

助けになるかもしれない。尼僧の存在についての文学的なポートレートが、我が国の尼僧のすべての特徴と性質を代表していると考えるのは乱暴かも知れない。しかし、そうであっても、文学作品の中の尼僧こそが、一般の、仏教というものに触れる機会に対して身近に、リアリティを伴って考えさせ、人生観や考え方に変化をもたらし、人生にも積極的な貢献をしてきたのである。本稿はベトナム仏教の尼僧が描かれた文学作品を系統立てるとともに、彼女たちについてどう考えるかということを提示してみたい。

1. 文学から

1.1. 民間文学と中世文学における尼僧の姿

口伝文学の蓄積において、出家した女性についての作品で最も有名なものは『ティ・キン観音』である。ティ・キンは孟家の子で、物腰が柔らかく穏やかで優しい娘だった。彼女はスン・ティエン・シ[崇善士]の妻であり、夫を殺害しようと企んだという無実の罪を疑われた。彼女は男に変装してヴァン寺で出家し、住職にキン・タム[経心]という法名をもらった。村の富豪の娘であるティ・マゥは婚外子を身籠ったが、胎児の父親はキン・タムであると偽った。キン・タムは寺を追われ、人びとに殴られ、嘲笑され、毎日毎日ティ・マゥの子を抱えて乳を乞い歩かなければならなかった。6 年後、子どもが立派に育ったころ、キン・タムもまた力尽きてしまった。彼女は手紙を書き残してこの世を去った。人々は、遺体を整えていたとき、初めてキン・タムが女性であることに気付き、その忍耐強さに感服したという。仏は彼女を観音菩薩とした。この話はその後、18 ― 19 世紀ころに詩話に発展した(作者不詳であるが、グエン・カッ［阮汲］がその作者であるという説もある[26])。もう一つの観音について述べる作者不詳の詩話は、『南海観音佛事跡』である。それは、ジィウ・ティエン[妙善]公主(チュア・バー)についての物語である。彼女は幼いころから仏を敬愛し、両親に出家を許してくれるように願い出た。彼女は父親によって後宮に幽閉され、殺されかけた。チュア・バーは、気を失うと獄吏によって地獄に連れていかれており、そこで衆生の多くの苦しみを目の当たりにした。我に返ると彼女は、玉皇

26　Lê Văn Quán (chủ biên), *Tổng tập văn học Việt Nam* (tập 14A), NXB Khoa học Xã hội, Hà Nội, 1993, tr. 426 （レー・ヴァン・クアン（編集)、『ベトナム文学全集』（第 14 集 A)、社会科学出版社、ハノイ、1993 年、426 頁）

上帝に彼らの罪を許し、地獄を極楽に変えてほしいと頼んだ。お釈迦様は、彼女の思いやりの心を見て彼女を試そうと、フンティック寺で9年間修業し仏法と仙道を伝えさせた。その後、チュア・バーの一族は困難に直面したが、彼女は手を差し伸べて一家全員を仏教に帰依させた。彼女は玉皇上帝から千眼千手観世音菩薩に封じられた。[27]

民間の古い説話で尼僧が登場するものには、カオラン族の『仏子峠の話』がある。それは、ホアン[黄]氏、チャン[陳]氏、リー［李]氏、ラム氏(ラム氏だけが女性で、残りは男性)の、意志堅固な徳の高い4人の物語である。まもなく修業が完成しようとしていた時、解脱しようと連れ立ってティエンソン[天山]山に至る道を探した。しかし、険しい道のりに、4人は力尽きてしまった。その時、ふいに4人のうちの一人が声を上げて言うには、「今もし、願いが叶う杖があれば、あなた方は何の料理を食べたいか？」。皆はものすごく飢えていたので、犬や水牛、鶏の肉などの最も低俗な望みを口に出してしまった。ただラム氏だけが茹で野菜を望んだ。その後4人は一人の老人に出会い、その老人からティエンソン山に至る道を教えてもらうが、老人は、大きな菩提樹の葉の上に唾を吐きだすよう、4人に要求する。3人の男性は、生臭い鶏、水牛、犬の肉を吐き出したが、ラム氏だけは青菜を吐き出した。そこで老人が言うには、「正にここがティエンソン山だったのだ。お前たちはすでに仏の国についておったのに、禁じられたものばかり吐き出しおった。これで、真の修行者と言えるだろうか」。そして、尼僧に山の頂上へ続く道を教えた。こうして尼僧のみがその道に従って山を登り、観音となることができた。現在、ラム氏は家で観音仏を拝み、正月にお参りに行くときはいつも野菜を供えるという。一方、他の3人は仏になれず修業の成果も台無しになったことを恥じ、悲しみのあまり峠の頂で死に、誰も埋葬するものはいなかったという。後世の人は、峠を通る際は必ず土あるいは石を掴んで頂上に投げ、彼らの墓をつくらなければならないと言い合った。その土塊を人々は「仏の墓」と呼んだ。その墓は日に日に高くなり、仏子の峠と呼ばれたのである。[28]

中世の文学になると尼僧は詩情の源となった。黎聖宗の詩歌にはいたるとこ

27　レー・ヴァン・クアン（編集)、前掲書, 465頁

28　Lâm Văn Thao, *Sự tích đèo Phật Tử*（ラム・ヴァン・タオ、『仏子峠の話』）

http://www.bachkhoatrithuc.vn

ろにその姿が見られる。ある逸話によると、聖宗は、文廟の近くのタインゴー村にあるゴックホー寺に立ち寄り、寺の幽玄な景観と、美しい草花を見、そして尼僧の優雅な読経を聞いて、興をそそられ、寺の壁に以下のように詩を書きつけた。

ここで景色を観て、師に出会う
仏道は楽しいが、人の心を慰めはしない

聖宗の求めに応じて、タン・ニャン・チュン(二十八宿文壇[29]の副会長)はこの二句に続けて、七言律詩の形式で『詠尼姑』を完成させた。

塵縁を見ると滑稽の極み
色と空とは仏でもままならぬもの、まして人の心をや
鐘音一声、俗念を払い
蝶魂は夜更けに俗世を抜け出す
愛海は千尋にして枯れることなく
恩河は万丈にして溢れる
嗚呼、極楽何処にかあらんや
極楽はここなり、この天地なり

その後、聖宗はこの詩を尼僧に見せた。尼僧は、よくない2句を指摘し修正して以下のようにした。

風が読経の声を運び、俗念を払い
蝶魂仙夢、俗世に紛れる

聖宗は褒めたたえ、すぐに彼女を宮殿に送った。しかし、輿が大興門まで来たとき、尼僧は忽然と消えてしまった。これを奇とした聖宗はそこに「望仙楼」を造らせ、仙女に出会った縁故を記念した[30]。

29　訳注　黎聖宗が創立した文壇

30　Thân Nhân Trung, *Vịnh Ni cô*（タン・ニャン・チュン『詠尼姑』）http://www.thivien.net

『三祖寔録』はディエム・ビック宮妃についての物語である。彼女は、変装してヴァンイェン寺に行き、年老いた女性の修行者に頼んで、住職に師となり仏道を学べるようにお願いしてもらった。しかし、実はこれはフエン・クアン住職を誘うためであった。ディエム・ビックは、「金塊」の話と一編の詩をでっち上げ住職の高名を貶めようとしたのである。その詩とは、

煌々たる梅月は水面に映え
嫋々たる竹風は笙を吹く
どの仏様が男盛りかしら

この話は露顕してディエム・ビックは王によって罰せられ、宮廷内にあるカインリン寺で侍女として働かされた[31]。このように、「本物の尼僧」ではないが、ディエム・ビックは寺で「修行」したこともあったのである。

『雨中随筆』の「リー・ダオ・タイ[李道載]」の章で、ファン・ディン・ホー[范廷琥]もまたディエム・ビックの事に触れ、記憶を頼りに彼女についての詩を書き残している。その詩に曰く、

寝室は以前美しさを誇っていたが、
これから住む山寺は何もないところに立っている[32]

また、『チュエン・キエウ(キエウの物語、金雲翹)』(グエン・ズー［阮攸］著、18 世紀末)と『ファン・チャン［潘陳］』(作者不詳の俗詩、19 世紀)を念頭に置いて、民間の諺にはそれに対し「嫌悪感」を表す部分がある。

男性はファン・チャンを語るべからず
女性はトゥイ・ヴァン[翠雲]、トゥイ・キエウ[翠翹]姉妹を語るべからず

31 Đinh Gia Khánh (chủ biện) (1993), *Tổng tập văn học Việt Nam* (tập 2), NXB Khoa học Xã Hội, Hà Nội, tr. 818 − 821.（ディン・ザー・カイン（編集）(1993)、『ベトナム文学全集（第 2 集）』、社会科学出版社、ハノイ、818 − 821 頁）

32 Phạm Đinh Hổ, *Vũ Trung tùy bút*（ファン・ディン・ホー『雨中随筆』）, http://vi.wikisource.org

しかし、この2つの中世の詩話において、主人公はどちらも寺で修行する時期がある。仏教の教理は尼僧チャック・トゥエン[濯泉]、僧ザック・ズゥエン[覚縁]、そして尼僧ジエウ・トゥオン[妙常]を通してはっきりと表現されている。

おそらく、ベトナム人で、グエン・ズーの『金雲翹』を知らない人はいないだろう。それは、ヴオン・トゥイ・キエウ[王翠翹]という才色兼備の女性の波乱に満ちた人生についての物語である。彼女はキム・チョン[金重]を愛していたが、家が没落し、父の身柄と引き換えに自らを売らなければならず、マー・ザム・シン[馬監生]、トゥ・バー [秀婆]、ソー・カイン[楚卿]らの策略にはまり、妓楼に身を沈めざるを得なくなった。彼女は遊客のトゥック・シン[束生]に助けられるが、その妻ホアン・トゥ [宦姐]に嫉妬され、侮辱されて観音閣に連れ出されて尼僧チャック・トゥエンとなった。その後もホアン・トゥにいじめられ続けたため、キエウは仕方なく金の鐘と銀の磬を盗んで逃げる羽目になり、ザック・ズエン[覚縁]和尚に助けられた。すったもんだの挙句、再びバック・ハイン[薄幸]、バック・バー [薄婆]の手に落ちたキエウは、二度目の妓楼行きを余儀なくされ、そこでトゥ・ハイ[徐海]に会う。トゥ・ハイはキエウを妻とし、その報恩と報復に手を貸す。その後、キエウは再びホー・トン・ヒエン[胡尊憲]に騙され、トゥ・ハイに朝廷に降伏するように勧めた。トゥ・ハイが殺されると、キエウはホー・トン・ヒエンに仕えることになり、さらに地方の有力者に嫁がされた。屈辱に耐えかねて、キエウは錢塘河に身を投げたが、ザック・ズエンに助けられ、再び仏門に頼ることになった。一方、キム・チョンの方はトゥイ・ヴァンと結婚したが、日夜キエウを探し続けていた。ザック・ズエン和尚のおかげで、キムとキエウは会うことができ、家族が再会できたのである。二人は愛情を友情に変えて暮らしたという[33]。

『ファン・チャン傳』は、ファン[潘]氏一家のファン・タット・チャイン[潘必正](ファン・シン[潘生])という名の息子と、チャン[陳]家のチャン・キエウ・リエン[陳翹連]という娘の物語である。両家は簪と扇を交換して二人を結婚させる約束をした。二人の若者が成長し、ファン・シンは郷試に合格したものの、殿試には合格しなかった。彼は都に留まり、次の試験を待った。一方、

33 Nguyễn Du (2002), *Tuyện Kiều,* NXB Văn Học, Hà Nội.(グエン・ズー (2002)、『キエウの物語』、文学出版社、ハノイ)

キエウ・リエンの父は高齢で病を患い他界し、チャン夫人はキエウ・リエンを連れて潘家へ身を寄せた。道の途中で、チャン家の母娘は生き別れになり、キエウ・リエンはチュオン[張]家の女性によってキムラン寺に送られた。庵主はキエウ・リエンにズィエウ・トゥオン[妙常]という法名を付けた。一つには、母恋しさから、また一つには運命を悲しんで、彼女は病に罹るが幸いにも庵主のおかげで慰められた。偶然にも、ファン・シン[潘生]もキムラン寺で出家した人を訪ねてきた。そこで静寂な寺の雰囲気を見ると、彼はそこに留まり修行することを申しでた。そしてそこでズィエウ・トゥオンに出会い、愛し合うこととなった。彼はフオンという名の老尼僧に頼んで、キエウ・リエンに対する想いを伝えてもらった。キエウ・リエンは初めファン・シンを受け入れなかったが、自殺を仄めかして迫ると、仕方なく彼に会うことにした。二人はそれぞれ相手を確認し、打ち解けあったが、しばらくこのことは秘密にしていた。その後、ファン・シンは科挙に首席で合格した。彼は寺に戻り、二人のことを庵主に告げた。庵主は、ファン・シンとキエウ・リエンが結婚式を挙げることを許し、二人はともにファン氏となった。[34]

また、19 世紀には、チャン・テー・スオン[陳濟昌]が、次のような『タイ出家する』という詩を書いた。

勲章を川に投げ捨て
私はあなたに「ありがとう」と言おう
やむを得ずその寺に行き、仏門に入る
子どもも夫もいない
お経がなくても関係ない
誰が「色」が「空」になるなどと考えるだろう
だったら私はあなたのようになりたい
憂鬱な俗縁の業はまだ終わらない[35]

34　Lê Văn Quán (chủ biên) (1993), *Tổng tập văn học Việt Nam* (tập 14b), NXB Khoa học Xã hội, Hà Nội, tr. 115（レー・ヴァン・クアン（編集）(1993)、『ベトナム文学全集』（第 14 集 b)、社会科学出版社、ハノイ、115 頁）

35　Trần Kể Xương, *Cô Tây đi tu*（チャン・テー・スオン『タイ出家する』）, http://www.thivien.net

更に、19 世紀には、才能のある詩人だが親フランスだったトン・トー・トゥオン[尊壽祥]が『老妓帰依』を書いて、自らの不信心を明らかにし、反省と後悔を告白した。

鐘の音が突然ヴーサンの眠りを覚まし
年老いていく髪は白髪が混じる
鏡台は薄い白粉の色を映し
誰も訪れない門に否応なく青春の終わりを想う
偈の文句にも花柳の楽しみを感じ
桑や榆のある平和な風景は正に優雅の一言
青楼を振り返り、妓女たちを憐れむ
彼女たちは身を沈めてまだ美人の業を終えてないのだ

ファン・マン・ダット[黄敏達]は、南部の詩人だが、トン・トー・トゥオンの詩を格調高く描きなおした。それは、トン氏の悔悟を嘲笑し、信じないという意図をもってなされている。

青楼に澄んだ鐘の音が響き
高唐の眠りを覚まし、仰向けになるとき
情の船を借りて愛の海を渡り
色の河を進んで禅の森に至る
知恵の鏡を見つめて俗心を拭い
菩提樹の数珠を繰って縁の実を結ぶ
空の扉は肌寒くとも風月はそこにあり
まだ仏にはなれないが仙女にはなれる[36]

1.2. 現代ベトナム文学における女性仏教修行者の姿

1930 年から 1945 年の間は、いくつかの小説と短編に女性修行者の主人公が

36 Lê Trí Viễn (chủ biên) (1993), *Tổng tập văn học Việt Nam* (tập 17), NXB Khoa học Xã hội, Hà Nội, tr. 173-174（レー・チー・ヴィエン（編集）(1993)、『ベトナム文学全集』（第 17 集）、社会科学出版社、ハノイ、173-174 頁）

登場するが、触れておくべき最も象徴的なものに次のようなものがある。

『心の火を消して』（グエン・コン・ホアン）：ディエップとランは近所に住む友達同士で、二人がまだ母親のお腹にいたときから両家では結婚の約束をしており、大きくなってからも彼らは心から愛し合うようになった。ディエップの父とランの母は亡くなっており、ディエップは科挙の勉強に苦労していた。そのため、県令が彼の事業を支援することを約束するとディエップはとても喜んだ。しかし、なんと県令はディエップを罠にはめようとしていただけで、ディエップを、扇情的でみだらなトゥイー・リェウという自分の子と結婚させようとしていたのである。ランは絶望を抱いて、男を装い出家してしまった。ディエップは、トゥイー・リェウとの偽りの関係に飽き飽きして彼女と離婚した。彼は何度も寺を訪れランに会おうとしたが果たせなかった。再会した時にはランは永遠に去って行ってしまっていた[37]。

『蝶魂仙夢』（カイ・フン）：村祭りの時、ゴックー農場学校の生徒ーは、ロンザン寺の住職である叔父のところに帰ってきていた。そこでゴックはランに出会い好きになる。ランは美しく聡明で淑やかな尼僧だった。ゴックは次第にランの実際の境遇に気付き始める。ランは元々孤児で、寺の住職の世話になっていたが、住職に無理やり妻にされていた。一方で、ランは母親の影響で幼い頃から仏教に心が傾いていた。そのため、ランは男に扮して出家したのである。ゴックは気にせずランへの愛情を告白するが、彼女は拒否し、選んだ道を進み続けた[38]。

『そして、ある午後』：革命活動の途中で、ズンは追われ、ある寺に上がり込み匿ってくれるように頼んだ。彼は年若く美しい尼僧の自室で匿ってもらった。その後、彼女は庵主の意向を伺うことなくズンを密かに鐘楼に隠し、毎日食事の世話をして話をした。ズンとの出会いがこの尼僧に、自分がまだ恋愛の苦しさを忘れていないこと、心がまだ世俗の事柄に揺れてしまうこと、行動し未来に向かって進んで初めて人生の意味が感じられることを気付かせた。彼女はズンとともに寺を後にした[39]。

---

37 Nguyễn Công Hoan (1989), *Tắt lửa lòng*, NXB Văn Nghệ, TP HCM（グエン・コン・ホアン (1989)、『心の灯を消して』、文芸出版社、ホーチミン市）

38 Khái Hưng, *Hồn bướm mơ tiên*（カイ・フン『魂蝶夢仙』）, http://vnthuquan.net

39 Nhất Linh, *Thế rồi một buổi chiều*（ニャット・リン『そして、ある午後』）, http://vnthuquan.org

何人かの現代ベトナム詩人も作品に女性仏教修行者の姿を登場させている。ブイ・ザンには『出家したひと』がある。

こんなにも天は憂い、地は悲しむのか
初め君は勇んで出家したが
地平線に悔恨が広がり
暗く寒い部屋には似合わない花の想い
今、人々を顧みると
一体誰が出家などするだろうか[40]

また、詩集『霜のように』の中の、『愛情　I』にこの詩人は以下のように書いている。

タイトル：念の修行へ行く
出家する君よ、この言葉は忘れないで
決して美人の人生に戻ってこないで
絶世の美女にはならないで
ただ少しだけの美しさでも迷いが生じるから[41]

『四季のブイ・ザン』の著者は禅宗の思想をとても自然に、深く詩歌に込めたファム・ティエン・トゥであったが、彼はとっつきやすいと同時にとても慈悲深い女性修行者の姿と想いを反映した文章を書いている。例えば、『黄色い花畑』（1971年）、『ヴィ・ズィエウ［微妙］比丘尼　I、II』（華談会、1972年）、『断腸無声』（1972年）などである。詩集『黄色い花畑』は、各々四句の六八体[42]の詩が百連あり、その中のいくつかが夢見がちで優雅な尼僧を神仙に見立てて描いているものがある。

40　Bùi Giáng, *Ai đi tu*, http://www.thivien.net

41　Bùi Giáng, *Tình yêu I*, http://www.thivien.net

42　訳注　六八体：六字句と八字句が繰り返されるベトナム独自の詩の形式である。字数だけでなく、平仄の規則に加え、六字句とそれに続く八字句のともに六句目が押韻するという規則がある。

40
君は真実の顔を洗い
眼差しを向ければ、水の玉は虚空を誘う
偷香(タウ・フォン)は今、仏を敬っている
口紅は輪廻の迷いの中に沈み込む

50
真夜中、蝋燭の火影は弱々しく金色に揺れ
お経が散らかり、二列の雁のよう
それはきっと千の花と化し
尼の衣の上に、「謹月」の字となる

51
三世の夢を済度するのは
若い尼僧が私たちのもとに現れ
手ずから紅玉を月の袖に捧げる

84
尼僧は扉を固く閉じて修行し
朝早く門を開いてはバラの園を掃いて集める
綿の箒の先で集める
時々珍しいお香をあげると蝶が縁起の羽で飛び回る[43]

詩人レ・トゥオン・ニエンも『寺へと続く流れ』で読者を大いに感動させた。

よいしょ…一筋の流れを漕ぐ
夢うつつに心は白い雲と俗世間の間を行き来する
寄せては返す波に揺られながら
夫を捨てて修行へ行く椋鳥の悲しいことよ
寺に上がりテリハボクの実を口に含む
昼日中に迷い出た白い蝶々

43 Phạm Thiên Thư, *Động hoa vàng*『黄金の花の洞窟』, http://www.thivien.net

和尚様に申し上げます
この場所のこのような生活はどうしたことでしょう？
師が言うには、それは夢のようなもので、
仏の道も俗世の生活も無我であればどこでも同じようなものだ[44]

外史、野史もまた大変工夫されたリアルな尼僧の人物像を造りだしている。『雲の眠る草庵』(1982年)において、ティック・ニャット・ハインはフエン・チャン公主の人生の歩みを描き出している。それは､幼い少女だったころから、チャンパへ行ってチェー・マウ王の妃となり、危うく王と殉死するため火葬されそうになったが、太子を生み、チャン・カック・チャンによって迎えられ大越に戻り、ヴーニン寺で仏教に帰依してフン・チャンという法名をもらうまでの物語である[45]。

1088年から1138年までのベトナムの歴史資料に依拠し、ヴォ・ティ・ハオは苦労して小説『火葬』(2003年)を書いた。この作品はトゥ・ロ(生まれ変わってリー・ズオン・ホアン[李陽煥]となる)青年の人生における変化に焦点を当てている。そしてそこには作者の歴史、宗教と世俗に関する多くの観点が表されている。トゥ・ロはニュエ・アインに美しい愛情を抱いているが、天竺へ趣き、道を学ぶ師を探して父に復讐することに夢中になっていた。彼は、仕方なくまだ結婚はしないと決心した。予期せぬことに、ニュエ・アインは天の果て地の果てまでも彼についていくと決心した。彼女は、油売りに変装してトゥ・ロを探した。二人はガム川のダーという船着き場で出会い、愛し合った。ニュエ・アインのことが愛おしかったが、それでもトゥ・ロはどうしても彼女が一緒に行くことを許さなかった。絶望した彼女は、モーの滝に身を投げて死のうとした。偶然にも、カー・ボン青年に助けられ、「水に落ちてきた修行には無関心な」美人はチャム寺の尼僧となった。生まれ変わって、トゥ・ロは李神宗皇帝となったが、一方ニュエ・アインはまだチャム洞で修業をしていた。作品の最後の章における二人の会見は真実味もありながら同時に作り事っぽくもある。

44　Lẽ Thường Nhiên, *Có một dòng sông lên chùa*『パゴダの近くには川がある』，https://www.thivien.net
45　Thích Nhất Hạnh（2007）、*Am Mây Ngủ*, NXB Thuận Hóa（ティック・ニャット・ハイン（2007）『雲の眠る草庵』、順化出版社）

以上が、筆者が整理した若干の文学作品であるが、おそらくまだ言及していない多くの作品が残っているだろう。多くの作品がチェオ、カイルオンや映画になっている。例えば、『ティ・キン観音』、『ランとディエップ』[46]、『ディエム・ビック宮妃』[47]、『金雲翹』や『誰がキエウを殺したか』[48]などである。

2. 舞台、映像

北部地方では、仏教の女性修行者を題材にしたチェオの2つの台本を挙げることができるだろう。それは、『ティ・キン観音』と『尼姑談雲』である。『ティ・キン観音』の台本の内容は、民間の説話や字喃詩の物語と大差ない。一方で、『尼姑談雲』の台本は1970年に作家のホック・フィーによって書かれた現代劇の台本が初めだった。しかし、チャン・ディン・ゴンによってチェオの台本に書き換えられ(1976年)、正当に評価されるようになった。その台本は、チンという名の女性の困難に満ちた人生について語っている。彼女はフン・イェンという地方長官の子どもで、チョンという貧しい学生の妻である。チョンはベトミンに従って革命に参加し捕えられる。父はチンに夫と離婚して家族に累が及ぶのを避けるように迫るが、彼女は頑として聞き入れない。彼女は男装してダム寺に修行に出て、和尚からダム・ヴァンという法名を授かる。尼僧ダム・ヴァンは、フランスの手先であるダイ・ハイに辱められそうになる。そのとき、チョンは脱獄して、秘密裏に活動しており、ベンという女性の家族に匿われていたが、ベンもまたチョンを深く愛していた。尼僧ダム・ヴァンは後に革命運動に参加するが、ある時ベンと共に投獄されることがあった。ダム・ヴァンはベンに自分がチョンのいとこであると言う。ベンがチョンにダム・ヴァンのことを語って聞かせたとき、彼はそれが自分の妻であると認めた。ベンは失望してチョンにダム・ヴァンの居場所を知らせなかった。その後、彼女は後悔し、心をかえた。チョンはダム寺へ行き、まさにダム・ヴァンがダイ・ハイに捕えられようとするところへ入ってきた。台本の結末で、ダイ・ハイは報いを受け、チョンとチンの夫婦は再開することができた。

南部地方においては、女性修行者の登場人物をもつ3つのカイルオンの台本

46　訳注　Lan và Điệp

47　訳注　Cung phi Điểm Bích

48　訳注　Ai giết nàng Kiều

を、多くの世代の観客が心にとどめている。それは、『ランとディエップ』、『門前の花嫁衣裳』、そして『白粉の半生』である。

チャン・ヒェウ・チャンの台本『ランとディエップ』（1936年）は、上で要約したグエン・コン・ホアンの『心の灯を消して』の粗筋に依拠している。『門前の花嫁衣裳』（1959年）は、詩人であり作家のキエン・ザン（ハー・フイ・ハー）がハーティエンにおける実話を元にカイルオンの台本として書いたものである。その話は、女流作家のモン・トゥエットが1958年の『盥の中の愛姫：ハーティエン外史記小説』[49]の中に書き残しているものである。

スアン・トゥは優しい女性で、美しく、ハーティエン出身だった。彼女はもうすぐ結婚する予定のトー・チャウという恋人がいた。そのとき、地方長官のマック・ティエン・トゥがスアン・トゥと出会って夢中になり、庁舎に連れ帰って妾とした。そのすぐ後、長官が留守にすることがあった。彼の正妻は、嫉妬からスアン・トゥを裏返した盥の中に閉じ込めた。長官に解放されたとき、スアン・トゥは子ができない体になり、ほとんど体が麻痺してしまっていた。彼女は夫に寺に修行に出ることを願い出た。長官は彼女のために小さな寺を建設した。スアン・トゥは寺にフー・ズン－すぐに散ってしまう花の名前－と名付けた。ときどき、フー・ズン寺の尼僧は今でも花嫁衣装を持ち出しては寺の門に干して初めの愛情を思い出すのであった。一方、スアン・トゥの育ての姉であるフン・タインはトー・チャウと結婚していた。

作家ハー・チエウ（ホア・フン）の台本『白粉の半生』は次のような内容である。トゥンと兄のハイ・カンは幼いころから両親がおらず、伯父に代わりに養育された。成長して、トゥンはサイゴンで家電を売る店を任された。彼は、ある遊び人のフオン（テー）に出会い愛するようになった。ハイ・カンはそのことを知り、フオンを見つけ出して彼女が弟を諦めるように迫った。ちょうどそのとき、フオンも昔の恋人であるディンに彼女がトゥンの許に行かないように脅され邪魔されていた。フオンは仕方なくトゥンに別れの手紙を書き、自分が間もなくディンと結婚することを伝えた。トゥンは悲しみ、兄の説得に応じて結婚することを承諾する。フオンはライティエウの故郷へ戻るが、金貸し婆に見つけられ、両親にサイゴンでの実際の生活をばらされてしまう。フオンの父は

49　Mộng Tuyết (1961), *Nàng ái cơ trong chậu úp: Hà Tiên ngoại sử ký tiểu thuyết,* Sài Gòn.（モン・トゥエット (1961)、『盥の中の愛姫：ハーティエン外史記小説』、サイゴン）

悲しみ、怒って彼女を追い払う。サイゴンに戻ったフオンは思いがけずトゥイの新しい妻が実の妹であるズィウであると知る。心痛のために彼女は髪を落として出家した。トゥンは事実を知ると、寺へ赴きフオンに許しを請うた。フオンの母と妹も泣いて、彼女が還俗することを望んだ。しかしフオンはそれら全てを断り、褐色の僧服に身を包んだ。

映像の分野で、女性仏道修行者のイメージについて今日に至るまで最も深い印象を与え続けているのは、『サイゴン別動隊』(1982年製作、ロン・ヴァン監督、グエン・タインーレー・フオン脚本)の登場人物である尼僧フエン・チャンである。この映画は、四部構成で、トゥ・チュン、ゴック・マイ、フエン・チャン、ナム・ホア、サウ・タム、ゴック・ラン(アヒル肉のおかゆを売っていた女性)、そして、新聞売りの子どもや銃後の婦人たちなど、1975年以前のサイゴンにおける別動隊と愛国の人民たちを再現している。トゥ・チュンはフエン・チャンの恋人であったが、組織は、彼とゴック・マイに一組の裕福な資本家夫婦を装って東アジア塗料社に行くように指令を与えた。一方、フエン・チャンは尼僧に変装した。3人とも、サイゴンのアメリカ傀儡政権の中心部に潜入した時には緊張した、大一番の時間を経験した。しかし、同時にひと時も理性と感情の間で引き裂かれることはなかった。映画の最後で、尼僧フエン・チャンは死んでしまう。映画は前世紀の80年代に観客の目に触れたとき大成功を収めた。特に、タイン・ロアンの演技は観客が「尼僧フエン・チャン」という名前を熱狂的に叫ぶほど成功だった。

3. ベトナム文学における女性仏教修業者のイメージの特徴

3.1. 容姿、性格と運命

ベトナムの文芸における、ほぼ全ての女性仏教修行者の登場人物が絶世の美女に描かれていると言うことができる。彼女たちの美しさは、儚く、優美で、優雅で、魅力的であり、誰であろうと魅了することができる。これは、「神仙の美しさに染まった」、「星のようにキラキラ光る、慈悲の優しい目」を持ち、「両の手は美しく透き通る白で」、「両の足は小さく」、「その声は高貴な」[50]『そして、ある午後』の中に出てくる尼僧の容姿である。そして、それは、「眉は長く、眉尻は柳の葉のようで、決して声を上げて泣くことはなく、まるで目のどこかに

50　ニャット・リン、前掲書

こぼれそうな美しくもずっと悲しい、こぼれそうな涙を隠しているかのよう。まるで、そこには仏も神様も王も、俗世間もないかのように重く弧を描く眉をもっている。身体から蓮のような香りが匂い立つ」[51]『火葬』のニュエ・アインのような少女である。彼女らは、詩人のブイ・ザンが「決して美人の人生に戻ってこないで」と諭すほどに美しい。きわめて簡素な姿で登場する場合にさえ、女性仏教修行者は優美で女性的な雰囲気を醸し出す。「そのとき、岡の近くのキャッサバ園で、小僧さんが、茶色の上下を着て、質素なサンダルを履き、頭にはキャッサバでいっぱいの籠を載せ、狭い道を一歩ずつゆっくりと下って来た。不意に知らない人に出会って、彼女は恥ずかしそうに両頬を赤らめた」[52]。「両頬を赤らめた」、「恥ずかしそうに」といったイメージがよく彼女たちの態度や所作を描写するのに使われるのである。

女性の誇りであり魅力である髪のイメージは女性修行者について言うとき、微妙でデリケートな問題である。仏教は強制していないものの、昔から髪を落として出家するというのは当然で、世俗を断ち切る、もはや外面の見てくれは重視しないという意識の表現となったのである。修行の門の前で萎縮する普通の女性にとって、美しい髪を捨ててしまうことは大きな悲しみであり心残りである。『白粉の半生』のテーの痛切な歌を聞いた観客はみな感動する。「おかあさん！　長く濃い色の髪をかつて私は撫でて愛していました。騒がしい場所で、ある午後に、彼らは半分を切ってしまいました。そして、夜になって、痛く、そして悲しくなりました。私はまた後ろ髪も切りました。私は心痛で気を失いました。目が覚めて、頭を触ると、もう髪はどこにもなくなっていました。私は声を上げてこう叫びました。「ああ、神様、誰が私の髪を切ってしまったの？」。おかあさん、そしてすぐに思い出したのです、他でもないこの自分の手で自分の髪を切ってしまったのです。（中略）。美しい髪は優しいかあさんに送ります。私の人生は今から仏門に固く閉ざされます」[53]。明らかに、尼僧たちのかわいらしい出家前の容姿から厳しい修行者の姿への変化は読者に多かれ少なかれ、憐み、不安、同情を書きたてるものである。

性格について見てみると、女性仏教修行者の登場人物は物腰柔らかで、控え

51　Võ Thị Hảo, *Giàn thiêu*（ヴォ・ティ・ハオ『火葬』）

52　カイ・フン前掲書

53　*Nửa đời hương phấn*（『白粉の半生』）https://www.youtube.com/watch?v-NFHVks0ofAY

め、デリケートであり、愛情深く、人によく尽くし、惻隠の情に溢れ、特に忍耐強く無私の心をもっている。まだ世俗の世界にいた頃から、彼女たちは優しく、誠実で、忠実、奉仕精神があり、品格を保つことを知っていた。ティ・キンは、そのような美点についてのすばらしい手本のような人物である。一方、キエウについて、彼女も親孝行のために自分を売って父の借金を返さなければならなかった。出家する以前、年に 1，2 回しか会えなかったとはいえ、ランが知っているのはディエップだけだった。残りのほとんどの時間、ランはクーおばさんを本当のお嫁さんがするように世話し、助け、ディエップが安心して仕事に集中できるようにした。チン、後の尼僧ダム・ヴァンは父に夫と離婚するように強要されたとき、頑として聞き入れなかった。それは、「人は義のために我が身を忘れる。私は敢えて義に背くようなことはしない」[54]という理由からだった。他に彼らの中で目立つのは才能があり感情豊かだということである。そしてその象徴的な例がトゥイ・キエウである。僧服をまとったときも、彼女たちは依然として高貴であった。まだ幼い女児であったとしても、彼女たちは喜んで困難に遭った人々を匿い、保護した。彼女たちは自らの「やさしい魂」を使って、迷える心と煩悩の臭いが濃い考えを諭し癒したのである。

しかし、一利一害の法則があるように、容貌、心魂が美しくあればあるほど、詩歌における尼僧の人生というものはより苦しみが多く幸の薄いものになる。彼女らは、恋愛に不得手であったり、逆境に遭ったりする。彼女らは通常、ロマンチックで誠実な深い愛情を持っているが、多くの理由で別離を耐えなければならない(キエウ、キエウ・リエン、ラン、ニュエ・アイン、テー、フエン・チャンなど)。更に痛ましいのは、まだ幼く素直な少女のときから、だまされて物売りの道に落されてしまうことである(キエウ、テー)。恋愛は成就せず、裏切られたり、疑われたり、冤罪に問われたり、人生にいじめられ、抑圧されるのは必然の結果であり、「天は美人を嫉妬するのが常である」[55]のスタイルである。世間を渡り歩き、青春をすり減らし、恋愛は挫折し、彼女たちの心は冷めて閉ざされ、あるいは少なくとも頑固に心情や感情を隠すようになってしまう。彼女たちは、人々は元々才能も愛情も持ち合わせないのだということを認めざるを得ない。そのため、苦海に沈淪することから脱することを願うのであり、仏

54 *Ni cô Đàm Vân*（『尼僧ダム・ヴァン』）https://www.youtube.com/watch?v=8Eyd8-le7GU

55 訳注 『金雲翹』の中の一句

門に身を置く以外の道は残っていないのである。

3.2. 出家と世間

すでに分析した様に、多くの理由から、女性仏教修行者の登場人物たちは世事から遠く距離を置くために修行の道を選んだ。彼女たちの思想においては、人生はすでに過ぎ去ってもう存在しないかのごとくである。鐘、木魚、読経の声だけが心を向けるべきものである。とはいえ、これらの女性たちの心の深くには、まだ人生は完全に終わっていないというわだかまりやこだわりを見ることもできる。『そして、ある午後』の中の若い尼僧の気持ちは他の多くの尼僧たちの心情であると言えるかもしれない。それは、「お寺の鐘の音と線香の匂いは私に孤独で乾いた人生の冷たさについて考えさせ、漠然とした愛情について夢想させるだけだ」、「私は別のもっと熱烈な声を聞きたい。それは、心から消すことのできない愛情の呼ぶ声だ[56]」。この告白は、読者や観客をして、次のような印象を抱かせる。つまり、女性は、失恋や、困ったことや困難に出会ったときに出家するだけで、修行の素質があるものは稀であり、仏門を借りて世事から逃れようとするものが多いのだ、という印象である。しかし、どうだろうか、彼女たちは、お釈迦様が、「女性が出家して僧団のなかで暮らすのは良質な稲田に雑草が生えるようなものだ[57]」と恐れたような存在なのだろうか。

実際にそうなのだろうか。

釈迦が、女性が堂々と平等に修行の道に入ることを正式にお許しになって以降、尼僧たちは仏教の名を高めることに大変大きな貢献をし、素晴らしい宗教生活を送るという精神を正しく体現してきた。ベトナムでは、ズィウ・ニャン尼、トゥ・クアン尼、ニュー・タイン尼、ズィウ・コン尼、ダム・リエウ尼、ニュー・チエウ・アム尊師などが輝かしい女性修行者の鑑である。彼女たちは男性の僧侶と一緒に組織の土台を築き、仏道を広めてベトナム人の心の中深くまで浸透させ、迷える魂を救済し目覚めさせた。このように、「現実世界の尼僧」と「文学の尼僧」のイメージにはズレがあるのではないだろうか。著者の観点からいうと、それは正しくもあり、間違ってもいる。

56　ニャット・リン前掲書

57　Linh Thoại, Linh Thạnh (biên dịch)(2015), *Cuộc đời hoằng pháp của Đức Phật*, NXB Tôn Giáo, tr.125.（リン・トアイ、リン・タイン（編訳）(2015)、『仏陀の布教生活』、宗教出版社、125 頁）

なぜなら、まず、文学の中にも出家者の役割と思想を正しく体現している女性修行者がいるからである。彼女たちは、修行というものは自らを導き、欲望から逃れ、日々精進することであると理解している。『魂蝶夢仙』の小僧ランは、尼僧の品行方正さについて証明するには十分であり、それにふさわしい。「南無阿弥陀仏！　出家して修業する決意をしたものは、男でも女でも何の違いがあろうか。(中略)。私は、師匠が仏の話をしてこう教えてくれたことを今でも覚えている。曰く、「仏陀は一生涯、女性に対して不信感を持っておいでで、彼女らは修業を完遂する資格が十分でないばかりか、誠心から道を志す者の修業の妨げになる、とお考えでした。だから、仏陀は常々門徒に、女性に対しては慎重にして、彼女らを遠ざけ、全力で押しとどめて欲情の網にからめとられないようにしなさい、と諭したのだ」。(中略)。私は、師の言葉通りに自分の心を修練することに力を尽くした、だから、私は男性も女性も、少しも違いはないと考えるし、私自身も男でも女でもない、ただ自分は出家して修業している者だと考えるだけだ[58]」。それに加えて、上述したそれぞれの尼僧たちの仏法へ至った経緯についても確認する必要がある。非常に珍しいが、『魂蝶夢仙』の小僧ランのように自発的に、という例もある一方、大多数は困難に遭遇して仏法に出会ったのである。仏門を、一時身を寄せる場所だと考え、心の中ではまだ俗世の喧騒を慕う者もいた(キエウ・リエン、ダム・ヴァンやフエン・チャン)。彼女らが出家したのは、他に選択肢がなかった、あるいは「変装」する必要があったからであり、そのため、心は俗世の事柄に傾いていたのである。キエウ・リエンのように、出家してもなお、「若い男を見かけては心を奪われていた[59]」、あるいはチンの告白の言葉にあるように、やむを得ず出家した者もいる。「深い河の流れの中で、私は今どこへ向かっているのか分からない漂う舟。人生はこのようであり、我々は解脱するしかなく、そうやって心を清潔に保つのだ。もしチョン、あなたがまだいたなら、私はあなたを待ち続けたでしょう。もしあなたが死ななければならない運命なら、私は修業して舟いっぱいにその成果を届けます[60]」。尼僧フエン・チャンが鉢を持って托鉢に出かけたが、恋人のトゥ・チュンと同隊のゴック・マイが親密に楽しそうに道を行くのを見て悲

58　カイ・フン前掲書

59　レー・ヴァン・クアン（編集）前掲書

60　『尼僧ダム・ヴァン』前掲書

しそうにうなだれるシーンはとても印象的である。出家することは煩悩をおおい隠すことだと考える人もいるかもしれないが、実際には、煩悩は彼女らの心から離れていないのである(ラン、テー)。その場合、ニャット・リンに従えば、それは「仏教では癒すことのできない､気の抜けた魂」である。機会さえあれば、彼女らは必ず俗世に戻り、更に業にとらわれ続けるのである。

しかしながら、我々は以下の事を忘れてはならない。つまり、「仏性」は常に万人に顕現しており、仮に正しい方向でそれを発揮し、念の修行に耐えたならば、苦しい心は安穏となり、実際に悲しみを解き放って経典に集中できるようになるということである。摩訶波闍波提[61]や耶輸陀羅[62]は出家する前には贅沢を味わい、結婚して子を生み、日常生活の喜び、怒り、愛欲や嫌悪などを経験した後に初めて悟りに至ったのである。彼らは懸命に修行に励み、煩悩を消していき、誰であってもすぐに俗世の汚れを洗い流せるということを証明した。更に、修行には7つの道がある。仮に、国家や民族のために多くの有益なことを成せばそれもまた一つの積極的なことである。様々なケースやレベルで、修行というものは「社会参加」の傾向を帯びてきた。尼僧ダム・ヴァンはその一つの例である。仮に、父の言葉に従い、チンのように修行に行かず、チョンとの離婚を受け入れていたならば、彼女の人生は容易に違う方向へ進んでいっただろう。彼女は新しい人と結婚したかも知れないし、あるいは、世論の激しい非難の中で苦しい生活を送り、行き詰ったかもしれない。出家することを選ぶことで、ダム・ヴァンは夫に対する忠誠心を失くさずに済むと同時に国家の革命活動にも参加できたのである。「親」という言葉を彼女は積極的な意味で理解している。曰く、「国のために死ぬこともまた栄誉なことである。幾夜も涙が流れ、お経の文字も涙の跡に濡れている。ともかく、仕方なく朝に晩にお経をあげると、親しい人は人生においてはないようなものに見えてくる[63]」。チャム寺の尼僧は、かつてニュエ・アインと呼ばれていた時期があり、若く愛情深かった。モーの滝に身を投げたとき、ニュエ・アインはまだ悟りを得ていず、まだ仏法

61　訳注　摩訶波闍波提(マハー・プラジャーパティー):釈尊の継母。実母である摩耶夫人(マーヤー)の妹。最初の比丘尼となったと伝えられる。

62　訳注　耶輸陀羅(ヤショーダラー):釈尊出家前の妃。釈尊が女人の出家を許したとき、彼女も他の釈迦族婦人とともに比丘尼になったことを伝える経典もある。(中村元他 2020『岩波　仏教辞典』第二版　より)

63　尼僧ダム・ヴァン前掲書

を知らなかった。しかし何十年もの修行によって彼女は教理に精通し、縁起や宿命を理解した。仮に、李神宗はチャム寺の尼僧の外見に何か慣れ親しんだところを認めるだけだとしても、尼僧の方は昔の恋人の中身までもはっきりと見ることができた。この時の尼僧との繋がりは、親密なものではなかった。それは、男女の間の愛情というものがもはや重要ではなかったからだ。ライ・グエン・アンは、次のように考える。「ズオン・ホアン[陽煥][64]の姿のトゥ・ロと再会し、彼女は若き皇帝のために悪い病気を治すと同時に、その祖父の目を覚まさるのに貢献した。作者の記述の中で、彼女は現世で業を断ち切り、衆生に対する感化と治癒の能力を持つようになったようである[65]」。トゥイ・キエウは、キム・チョンの愛情のこもった熱心な愛情を前にしても、理性的でいて感情にも訴える言葉を選んでいる。「二人の縁は、友人の縁です」。これを聞いたキム・チョンは心服し言葉もなかった。これらの例のように、出家するとき、それは同時に尼僧が社会参加するときでもある。行動やその言葉によって、彼女たちは周りの愛する者たちに執着を捨てて向上するように、あるいは、積極的に行動して円成[66]した人生を送れるようにすることを勧めているのである。

現在まで、真に十分といえるベトナム尼僧界の歴史についての研究はまだない。文学作品における女性仏教修行者の姿を探求することは、ベトナムの尼僧についての視点や理解を補い、また現実世界の尼僧界と文学芸術のイメージとの関係を考えることに資する。そこから、創作活動をする人が尼僧に関するより現代的な生活における新しく多様で身近なイメージや問題を収集し、それを作品に反映させることができるのである。

64　訳注　李神宗の名

65　Lại Nguyên Ân, *Tiểu thuyết và lịch sử (nhân đọc Giàn thiêu của Võ Thị Hảo)*　ライ・グエン・アン、『小説と歴史（ヴォ・ティ・ハオの『火葬』を読んで）』
https://phebinhvanhoc.com.vn/tieu-thuyet-va-lich-su-nhan-doc-gian-thieu-cua-vo-thi-hao/

66　訳注　円成（えんじょう）：完全に成就したこと。（中村元他 2020『岩波　仏教辞典』第二版より）

参考文献

A. 書籍

1. Đinh Gia Khánh (chủ biên) (1993), *Tổng tập văn học Việt Nam.* (tập 2), Nxb Khoa học Xã hội, Hà Nội（ディン・ザー・カイン(1993)、『ベトナム文学全集』第 2 集、社会科学出版社、ハノイ）

2. Lê Văn Quan (chủ biên) (1993), *Tổng tập văn học Việt Nam*. (tập 14A), , Nxb Khoa học Xã hội, Hà Nội（レー・ヴァン・クアン(主編)、『ベトナム文学全集』第 14A 集、社会科学出版社、ハノイ）

3. Lê Trí Viễn (chủ biên) (1993), *Tổng tập văn học Việt Nam.* (tập 17), , Nxb Khoa học Xã hội, Hà Nội（レー・チー・ヴィエン(1993)、『ベトナム文学全集』第 17 集、社会科学出版社、ハノイ）

4. Linh Thoại, Linh Thạnh (biên dịch) (2015), *Cuộc đời hoằng pháp của Đức Phật,* NXB Tôn Giáo, 2015.（リン・トアイ、リン・タイン(編訳)（2015)、『ブッダの説法と生涯』、宗教出版社、2015 年）

5. Mộng Tuyết(1961), *Nàng ái cơ trong chậu úp: Hà Tiên ngoại sử ký sự tiểu thuyết.* Sài Gòn.（モン・トゥエット(1961)『盥の中の愛姫：ハーティエン外史記小説』』、サイゴン）

6. Ngô Đức Thọ, Nguyễn Thúy Nga (dịch và chú giải) (2014), *Thiền uyển tập anh,* NXB Hồng Đức, Hà Nội（ゴー・ドゥック・トー（訳及び主編）(2014)、『禪苑集英』、ホンドゥック出版社、ハノイ）

7. Nguyễn Công Hoan (1989), *Tắt lửa lòng,* NXB Văn nghệ, TP HCM.（グエン・コン・ホアン(1989)、『心の火を消して』、文芸出版社、ホーチミン市）

8. Nguyễn Du (2002), *Truyện Kiều*, NXB Văn học, Hà Nội（グエン・ズー(2002)、『キエウの物語』、文学出版社、ハノイ）

9. Thích Nhất Hạnh (2007), *Am mây ngủ*, NXB Thuận Hóa, Huế.（ティック・ニャット・ハイン(2007)、『雲の眠る草庵』、順化出版社、フエ）

10. Thích Thanh Từ (2010), *Thiền sư Việt Nam*, NXB Tôn Giáo, Hà Nội.（ティック・タイン・トゥ（2010)、『ベトナムの禅師』、宗教出版社、ハノイ）

B. ウェブページ

11. Bùi Giáng, *Ai đi tu và Tình yêu I*

https://www.thivien.net/B%C3%B9i-Gi%C3%A1ng/T%C3%ACnh-y%C3%AAu-I/poem-MZjpeQKNjAgmxhAfs5zw-w

12. Khái Hưng, *Hồn bướm mơ tiên*
https://vnthuquan.net/truyen/truyen.aspx?tid=2qtqv3m3237nmnqn0n1n31n343tq83a3q3m3237nvn&AspxAutoDetectCookieSupport=1

13. Lại Nguyên Ân, T*iểu thuyết và lịch sử (nhân đọc Giàn thiêu của Võ Thị Hảo*)
https://phebinhvanhoc.com.vn/tieu-thuyet-va-lich-su-nhan-doc-gian-thieu-cua-vo-thi-hao/

14. Lê Thường Nhiên, *Có một dòng sông lên chùa*
https://poem.tkaraoke.com/32571/co_mot_dong_songlen_chua.html

15. Nhất Linh, *Thế rồi một buổi chiều*
http://vnthuquan.org/(S(2b2omejfqu4g21553ezx502h))/tuyen/thuyhu.aspx?tid=2qtqv3m3237ntn0nnn31n343tq83a3q3m3237nvn&AspxAutoDetectCookieSupport=1

16. Phạm Đình Hổ, *Vũ trung tùy bút*
https://vi.wikisource.org/wiki/V%C5%A9_trung_t%C3%B9y_b%C3%BAt/Ch%C6%B0%C6%A1ng_L

17. Phạm Thiên Thư, *Động hoa vàng*
https://www.thivien.net/Ph%E1%BA%A1m-Thi%C3%AAn-Th%C6%B0/%C4%90%E1%BB%99ng-hoa-v%C3%A0ng/poem-7nvHkfkxqjn6llEbexL2og

18. Lâm Văn Thao, *Sự tích đèo Phật Tử*
http://www.bachkhoatrithuc.vn/encyclopedia/1749-1550-633499892192187500/Truyen-co-tich- Viet-Nam/Su-tich-deo-Phat-Tu.htm

19. Thân Nhân Trung, *Vịnh Ni cô*
https://www.thivien.net/Th%C3%A2n-Nh%C3%A2n-Trung/V%E1%BB%8Bnh-ni-c%C3%B4/poem-sr17WKZe2F9uMHG1NxaAxw

20. Trần Kế Xương, *Cô Tây đi tu*
http://www.thivien.net/Tr%25E1%25B%D0%90%25A7n-T%25E1%25BA%25BF-X%25C6%25B0%25C6%25A1ng/C%25C3%25B4-T%25C3%25A2y-%25C4%2591i-tu/poem-lJVcDxJ3Ze1g67zNa80Z6A

21. Võ Thị Hảo, *Giàn thiêu*

https://vnthuquan.net/truyen/truyen.aspx?tid=2qtqv3m3237nmn3n0n3n31n343tq83a3q3m3237nvn

舞台、映像作品[67]

Lan và Điệp（『ランとディエップ』：

https://www.youtube.com/watch?v=7ys6SHHxBbQ

Áo cưới trước cổng chùa（『門前の花嫁衣裳』：

https://www.youtube.com/watch?v=Q_BiqSd7N50

Nửa đời hương phấn（『白粉の半生』）：

https://www.youtube.com/watch?v=NFHVks0ofAY

Ni cô Đàm Vân（『尼僧ダム・ヴァン』）：

https://www.youtube.com/watch?v=8Eyd8-Ie7GU

Biệt động Sài Gòn (4 tập)（『サイゴン別動隊』（4 編））：

Tập 1: https://www.youtube.com/watch?v=7DYFRl5BYu8

Tập 2: https://www.youtube.com/watch?v=lu-sHx_CmFI

Tập 3: https://www.youtube.com/watch?v=sXqsmVhJD9M

Tập 4: https://www.youtube.com/watch?v=4FIIlgxK5cY

67　訳者が確認したところ、ここで挙げられているウェブページは現在閲覧できない状態にある。

原書

Kỷ yếu hội thảo khoa học

Nữ giới Phật giáo Việt Nam: Truyền thống và hiện đại ·

Tác giả : Nhiều tác giả ·

Nhà xuất bản: Đại học Quốc gia TP. HCM ·

Năm xuất bản : 2016

訳者

伊澤亮介　滋賀短期大学　ビジネスコミュニケーション学科　講師

平野綾香　ヴァンヒエン大学 東洋学部日本学専攻　専攻長

伊澤亮介　平野綾香　訳

ベトナムの女性仏教徒・尼僧：伝統と現代　上巻

発行　2025 年 3 月

発行者　酒井　洋昌

発行所　ビスタ　ピー・エス

〒 333-0825

埼玉県川口市赤山 1116-8

Tel: 048-229-2276　Fax: 050-3418-3197

http://www.vistaps.com

発売元　株式会社　極東書店

〒 101-8672　東京都千代田区神田三崎町 2-7-10

帝都三崎町ビル

Tel: 03-3265-7532

印刷　有限会社ニシダ印刷製本

Printed in Japan　ISBN 978-4-907379- 45-2　C3014